# Augenhöhe statt Strafen

Beziehungsstark in Kita, Krippe
und Kindertagespflege

www.herder.de

Umschlagkonzeption und -gestaltung: Sabine Hanel, Gestaltungssaal, Rohrdorf bei Rosenheim
Satz: Sabine Hanel, Gestaltungssaal
Coverillustrationen: © redstone – shutterstock, © Dzm1try – shutterstock, © pokki77 – shutterstock
Illustrationen im Innenteil: © Kathrin Hohmann, © Sabine Hanel, © redstone - shutterstock, © Dzm1try – shutterstock
Herstellung: Graspo CZ, Zlín
Printed in the Czech Republic

ISBN (Print) 978-3-451-39555-0
ISBN EBook (PDF) 978-3-451-82747-1
ISBN EBook (EPUB) 978-3-451-82755-6

# Inhalt



Ergänzende Links und Podcasts unter
https://kathrinhohmann.de/Augenhoehe

# Einleitung

Pädagogischen Fachkräften wird die wichtige Aufgabe und gleichzeitig immense Herausforderung zuteil, Kinder alters- und entwicklungsgemäß zu fördern, einen würdigen Umgang mit ihnen zu leben, ihnen als Bindungsanker stets zur Seite zu stehen, sie emotional zu stärken und kognitiv zu bereichern – und das unter zumeist unzureichenden Rahmenbedingungen.

Wer es bei diesem Stresspegel schafft, Kindern stets auf Augenhöhe zu begegnen und auf Strafen zu verzichten, dem gilt allerhöchster Respekt.

Körperliche Bestrafungen, seelische Verletzungen und andere entwürdigende Maßnahmen sind zwar seit dem Jahr 2000 unzulässig, doch die Einhaltung des Verbots erweist sich auch heute noch als unbefriedigend. Zumal manch einem gar nicht bewusst ist, wo gewaltvolles Handeln beginnt. Wissend, dass Gewalt immer Gegengewalt erzeugt, erinnern wir uns an das Zitat von Astrid Lindgren von 1978, welches heute nicht aktueller sein könnte: „[Die Kinder] sind es, die über Krieg und Frieden bestimmen werden und darüber, in was für einer Gesellschaft sie leben wollen. In einer, wo die Gewalt nur ständig weiterwächst, oder in einer, wo die Menschen in Frieden und Eintracht miteinander leben." (ebd.; nach Tünnissen-Hendricks)

Ein Kind, das gesehen, gehört und wertgeschätzt wird, das tragfähige Bindungen mit authentischen, fehlerfreundlichen und zugewandten Erwachsenen aufbauen darf, wird sich später selbst für ein friedvolles Miteinander einsetzen.

Wünschen wir uns also ein friedliches Miteinander, ist es an uns, den Kindern dieses vorzuleben! Wir säen die Samen der Zukunft. Denn: Geliebte Menschen fangen keine Kriege an!

Dieses Buch will pädagogischen Fachkräften vielfältige, liebevolle und gleichzeitig klare Denkanstöße schenken, um die eigenen Erziehungsmaßnahmen auf dem Weg zu einem beziehungsvollen Miteinander kritisch zu reflektieren. Es möchte ermuntern, den eigenen pädagogischen Werkzeugkoffer neu zu sortieren, die bestehenden Werkzeuge zu schärfen, zu polieren und sich vielleicht auch von dem ein oder anderen verrosteten Werkzeug zu trennen.

# 1 Erziehungsmethoden hinterfragen – Beziehungsmomente kreieren

Kinder stecken voller Tatendrang und Neugierde. Sie sind geboren, um sich die Welt zu erschließen, sich und ihre Umwelt kennenzulernen, sich auszuprobieren, zu spielen, zu lachen, ihre Ziele zu verfolgen und dafür zu kämpfen, zu weinen – zu leben. Jedes Kind bringt seine Individualität, seinen Charakter, sein Temperament, seine Stärken und seine eigene Geschichte mit in die Gruppe. Es lernt, seinen Handlungsspielraum tagtäglich auszuloten.

Für pädagogische Fachkräfte ist es eine herausfordernde Aufgabe, die Kinder in ihren Emotionen und gelebten Konflikten zu begleiten. Den Sinn hinter dem Verhalten eines Kindes zu erkennen ist manchmal nicht ganz einfach und kann auch zu Fehldeutungen führen. Werden aufgrund dessen zum Beispiel disziplinierende Maßnahmen angewandt, die nicht zum Erfolg führen, stellt sich bei den Fachkräften leicht Verärgerung, Ratlosigkeit, Überforderung oder auch Resignation ein. Das professionelle Handeln kann durch solche Gefühle überlagert und erschwert werden. Dann kann es passieren, dass Kinder in Konfliktsituationen angeschrien, beschimpft, beschämt oder ausgegrenzt werden. Ungewollt schleichen sich unter Umständen „pädagogische Kunstfehler“ ein (vgl. Hehn-Oldiges 2021; Prengel 2020).

Allgemeine Arbeitsbedingungen, wie der Fachkraft-Kind-Schlüssel, durch die der Rahmen auch für die Begleitung kindlicher Konflikterfahrungen gesteckt wird, sowie die Belastungen durch herausforderndes Verhalten von Kindern können zur Folge haben, dass es Fachkräften manchmal schwerfällt, sensitiv und responsiv zu agieren.

Es droht die Gefahr, dass Konflikte vorschnell unterbrochen und die Bedürfnisse von Kindern aufgrund der Erschöpfung der Fachkräfte unzureichend wahrgenommen werden können (vgl. Remsperger 2011;

Nürnberg 2018). Pädagogische Fachkräfte sind gefordert, sich bedingungslos auf die Lebensumstände der Kinder einzulassen, sie in der Regulation ihrer Gefühle zu unterstützen. Diese „Dauerpräsenz" kann zur Folge haben, dass die Erwachsenen ihre eigenen Stimmungen vermindert wahrnehmen oder gar unterdrücken (vgl. Viernickel & Voss 2012, S. 165ff.).

## 1.1 Kinder brauchen Regeln – oder?

In der Sonnengruppe sitzen die Kinder mit Fachkraft Lisa im Kreis. Gemeinsam möchten sie das nächste Ausflugsziel besprechen. Völlig euphorisch und mit großer Vorfreude sprechen die Kinder durcheinander. „Ein Kind nach dem anderen", sagt Lisa und reicht Sami den Erzählstab. Aus dem Augenwinkel sieht sie Lucas, der in der Bauecke währenddessen seine Lego-Stadt weiterbaut. Ihre Kollegin Natascha öffnet die Tür, schaut in den Gruppenraum und sagt: „Bei dir ist ja was los. Soll ich dir mal helfen, damit hier etwas Ruhe reinkommt und die Kinder hören?" Lisa schüttelt den Kopf.
Bei Natascha sitzen die Kinder gerade auf ihren Stühlen und wissen genau: Wer dazwischenredet, wird in den nächsten Minuten nicht drangenommen. Für Natascha sind Kontrolle und Ordnung in einer Gruppe wichtig, und sie fordert die Kinder daher zu Disziplin und Gehorsam auf.

Fachkraft Natascha wünscht sich, dass die Kinder auf diese Weise zu **Selbstkontrolle** und **Selbstregulierung** befähigt werden. Dahinter steckt die Überzeugung, dass die Kontrolle von außen zur Kontrolle von innen wird, also durch das Disziplinieren Selbstdisziplin wächst. Beobachtungen aus dem Kita-Alltag belegen hingegen, dass Kinder eher „außer Rand und Band" geraten, wenn der kontrollierende Erwachsene ihnen den Rücken kehrt, ganz nach dem Sprichwort: „Wenn die Katze aus dem Haus ist, tanzen die Mäuse auf dem Tisch" (vgl. Gordon 2014, S. 31). **Machtmethoden** motivieren eher zum **Widerstand**, zur Rebellion oder zum **Lügen**.

Wünschen wir uns hingegen junge Menschen, die lernen, sich selbst und ihr Verhalten zu kontrollieren, benötigen sie die Freiheit, eigene Erfahrungen zu machen und selbst Entscheidungen zu treffen. „Kinder lernen nur dann, ein Verhalten, das Erwachsene als störend empfinden, zu kontrollieren und zu begrenzen, wenn die Erwachsenen ihnen ähnliche Rücksicht erwiesen haben. Kinder wenden Selbstkontrolle an, um Regeln zu folgen, wenn ihnen die Chance gegeben wurde, sich mit den Erwachsenen an der Diskussion zu beteiligen, wie diese Regeln aussehen sollen" (ebd., S. 32).

Für ein gemeinsames respektvolles Miteinander und einen funktionierenden Alltag sind Abstimmungen über Strukturen sowie Kenntnis und Respekt gegenüber den gegenseitigen Werten in Gruppen unumgänglich. Deshalb werden in der pädagogischen Praxis Regeln formuliert, die dazu dienen sollen, **Klarheit** in den **Erwartungen aneinander herzustellen** und **Grenzüberschreitungen** gegenüber anderen **zu vermeiden**.

Regeln dienen einem friedvollen Miteinander und sollen auf Augenhöhe vermittelt werden. Verstehen Kinder den Sinn einer Regel und sind am Entstehungs- und Aushandlungsprozess beteiligt, so hat diese Aussicht auf Erfolg (vgl. Scherwath 2021b, S. 92f.). Gerade für Kinder, die neu in eine Einrichtung kommen, können Regeln **haltgebend** sein und als **Ankerpunkt** dienen. Sie schenken **Sicherheit** und geben **Orientierung**. Eine sinnvolle Vermittlung, die grundsätzlich als Gebot das konstruktive Verhalten benennt und vorbildhaft von den Fachkräften in Beziehungen vorgelebt wird, führt dazu, dass Kinder die Regeln verstehen lernen.

Vorsicht ist hingegen geboten, wenn Regeln mit Macht und Dominanz durchgesetzt werden und sich die Kinder zur Einhaltung aufgrund der Angst vor Konsequenzen und Strafen gezwungen sehen.

Kinder machen sich für die eigenen Bedürfnisse stark und lernen erst mit den Jahren, die Gefühle, Anliegen und Bedürfnisse der anderen ein-

Auch wenn die Regeln der Gruppe oder Einrichtung den Kindern vertraut sind, sind Verstöße völlig normal und zunächst wenig besorgniserregend. Jedes Kind zeigt sein bestmögliches Verhalten, und ein Regelverstoß geschieht immer aus einem für das Kind wichtigen Grund.

zubeziehen. So fürchten Kinder in der Autonomiephase zum Beispiel um ihre gewonnene Freiheit. Bereits in alltäglichen Situationen wie dem Essen oder Schlafen können innere Konflikte entstehen und ein **Gefühl der Unterwerfung** und **Ohnmacht** beim Kind auslösen.

Werden Regeln nicht eingehalten, sollten Fachkräfte nach möglichen, für das Kind subjektiv sinnvollen Gründen suchen und sich fragen, wie die Regel zukünftig gelebt werden kann.

Nicht zu vergessen ist dabei auch der **Entwicklungsstand der Kinder.** Im **Kleinkindalter** beginnen Kinder zu lernen, was sie dürfen und was nicht. Sie merken sich Regeln kurzzeitig, können diese inhaltlich aber noch nicht begreifen. Die Einhaltung einer Regel wie „Wir lösen Konflikte friedlich" erfordert zunächst, genau zu wissen, was das bedeutet und in welcher Weise diese Regel eingesetzt werden kann, sowie eine große Portion Impulskontrolle in einer aufgebrachten und energiegeladenen Situation. Schubst ein Kind ein anderes, geschieht dies nicht aus Böswilligkeit, sondern vielmehr, weil die intensiven Gefühle das Kind übermannten und nicht haben rational denken lassen. Einige Regeln geraten auch in Vergessenheit, da sie dem Kind im jeweiligen Moment nicht präsent sind oder ein Anliegen wie zum Beispiel der Drang, etwas sofort mitzuteilen, viel mächtiger ist. „Wir hören einander zu und reden nacheinander" kann zu einer Herausforderung werden, wenn der Informationswunsch groß ist.

Erst **im frühen Kindergartenalter** versteht das Kind, dass die Kinder der Gruppe sowie die Fachkräfte auch andere Ziele verfolgen als es selbst. Das Selbstkonzept reift, und das Kind beginnt, die eigenen Gefühle von denen der anderen zu unterscheiden. Im **Vorschulalter** gelingt es den Kindern dann oft schon, sich an Regelerwartungen in bekannten und strukturierten Situationen zu halten. Empathie, das Regelverständnis sowie das gedankliche Hineinversetzen in andere (Perspektivübernahme) entwickeln sich aber erst schrittweise (vgl. Hehn-Oldiges 2021, S. 88ff.).

## Was tun bei Regelverletzungen?

Bei Regelverletzungen helfen liebevolle **Erinnerungen** und **Visualisierungen** der wichtigsten Regeln sowie das **Aufzeigen von Handlungsalternativen**. Wird stattdessen gestraft und die Angst vor Strafen als Erziehungsmittel angewendet, reagiert das Kind im Moment angepasst, um die Strafe zu vermeiden. Dies führt jedoch nicht zu nachhaltigen Einsichten (siehe Kapitel 1.5.). Sinnvoller ist es, mit dem Kind das Verhalten zu reflektieren und über eine mögliche Wiedergutmachung nachzudenken, wenn andere Menschen oder Gegenstände zu Schaden gekommen sind. Das kann zum Beispiel durch Trösten des Gegenübers oder den Wiederaufbau eines beschädigten Bauwerkes geschehen (vgl. Scherwath 2021b; Wedewardt & Hohmann 2021).

Im Sinne eines **gewaltfreien und umsichtigen Miteinanders** entwickelten Jörg Maywald und Annedore Prengel (2020) ein Regelbüchlein, das sich von den „Reckahner Reflexionen – Leitlinien zur Ethik der pädagogischen Beziehungen" ableitet. Kleine und große Kinder sollen „(...) zu Selbstachtung und Anerkennung der Anderen angeleitet" werden (Prengel & Maywald 2020, S. 3). Das Regelbüchlein kann für Kinder und Fachkräfte kostenfrei im Internet heruntergeladen werden: https://paedagogische-beziehungen.eu/regelbuechlein/.

## Exkurs: Die Reckahner Regeln für Kinder

1. Jedes Kind hat eine gleiche Würde. Jedes Kind ist wertvoll und liebenswert.
2. Ich sorge gut für mich.
3. Ich sorge gut für die anderen.
4. Ich sorge gut für die Dinge und die Umwelt.
5. Wenn ich traurig oder wütend bin, suche ich jemanden, mit dem ich darüber sprechen kann.
6. Wenn mir jemand wehtut oder Angst macht, sage ich: „Stopp!“ Wenn es nicht aufhört, hole ich Hilfe. Hilfe holen ist nicht petzen.
7. Wenn ich jemandem wehgetan habe, mache ich es wieder gut. Bei „Stopp!“ höre ich darauf.
8. Wenn jemand schlecht über mich spricht, glaube ich an mich.
9. Alle Kinder und Erwachsenen bemühen sich, nach den Regeln zu handeln. Das ist nicht immer leicht. Wir helfen uns dabei.
10. Wir denken über die Regeln nach und sprechen über sie. Wir stellen selbst Regeln auf, die allen Kindern oder Jugendlichen helfen.
11. Die Goldene Regel: Was du nicht willst, das man dir tu, das füg auch keinem andern zu!
12. Tu dir selbst und anderen nicht weh!

## 1.2 Grenzen sind notwendig – wozu?

Ein Satz, den Sie sicherlich schon mehrfach gehört haben, lautet: „Kinder brauchen Grenzen!“ Auf den ersten Blick scheint diese Behauptung so logisch, dass er dazu einlädt und Fachkräfte nahezu dazu auffordert, Kindern diese Grenzen zu schenken. Bei näherer Betrachtung wird schnell klar: **Grenzen sind dazu da, um sich selbst und andere zu schützen.** Kinder lernen mit den Grenzen der Umgebung, der Umwelt, der Kultur, der Strukturen, der Zeit und vor allem der Personen, mit denen sie in

Kontakt sind, umzugehen. Denn Grenzen gibt es überall!

Der Familientherapeut Jesper Juul unterteilt grob in die generellen und in die persönlichen Grenzen. Die generellen Grenzen sind die einer Gesellschaft, einer Kita oder einer Familie, die ähnlich wie Normen gelten. Generelle Grenzen sollten regelmäßig auf Aktualität geprüft werden, damit wir sie nicht, wie Generationen zuvor, blind weitertragen – mit der Begründung, dass es schon immer so war und man dies eben nicht tut. So hörten Kinder nahezu aus Prinzip: „Wir sitzen gerade am Tisch und essen ordentlich mit Besteck." „Bei Rot bleibst du stehen, bei Grün darfst du gehen." Es sind Grenzen des alltäglichen Lebens. Regeln und generelle Grenzen können daher deckungsgleich sein (vgl. Juul 2013, S. 24ff.).

Statt starrer Grenzsetzung von außen benötigen Kinder vielmehr Menschen, die ihre persönlichen Grenzen leben, also Menschen, die vorbildhaft ihre persönlichen, individuellen Grenzen mit anderen konstruktiv teilen und ihre Persönlichkeit offenbaren (ebd., S. 28f.). Dies gelingt am besten, wenn Fachkräfte ihre eigenen individuellen und persönlichen Grenzen erkennen und aussprechen können.

Kinder spüren dann die Persönlichkeit der Bezugspersonen und erleben authentische Beziehungen. Sie brauchen die Erfahrung, wahrgenommen und gesehen zu werden – und zwar so, wie sie sind, mit all ihren Wünschen, Bedürfnissen, Gefühlen und Eigenarten. Allein die Präsenz einer pädagogischen Fachkraft schenkt dem Kind Anerkennung. Wenn sich die Fachkraft dann dem Kind offenbart, sich zeigt, auf das Verhalten des Kindes oder der Kindergruppe antwortet, ist dies eine Form der Anerkennung und „(...) zugleich eine pädagogisch wirksame Form einer Grenzsetzung." (Staats 2014, S. 126).

Während Tom mit einem Baustein auf die anderen klopft, blickt Fachkraft Lisa ihn an und sagt mit warmen und gleichzeitig klaren Worten: „Das ist mir zu laut, ich kann Emma gar nicht mehr zuhören. Tom, ich möchte, dass du aufhörst, den Baustein zu klopfen." Lisa äußert ihre Grenze in persönlicher Form in Anlehnung an die Gewaltfreie Kommunikation (statt pauschal zu sagen: „Du darfst das nicht!"). Damit erfährt Tom, wie sein Verhalten auf andere wirkt und welchen Einfluss er auf sein Gegenüber hat. Dabei werden gleichzeitig seine Selbst- und Fremdwahrnehmung und seine Empathie gefördert. Indem Lisa eine Grenze setzt, wird dem Jungen Anerkennung gezeigt und vermittelt, was für die Fachkraft persönlich wichtig ist (vgl. ebd., S. 127f.). Sie kann Tom auch eine Alternative anbieten: „Tom, mir ist es zu laut, wenn die Bausteine aufeinanderklopfen. Ich möchte das nicht. Kannst du auf den Teppich klopfen?"

Fachkraft Lisa fungiert wie ein **Leuchtturm**; sie wirft ihr Licht in verschiedene Richtungen, schenkt einen liebevollen Blick, ein Lächeln, ist interessiert, zugewandt und strahlt mit **innerlicher Präsenz**, wodurch sich die Kinder gesehen und wertgeschätzt fühlen. Durch diese Präsenz werden die **Stresssysteme** der Kinder reguliert (vgl. Scherwath 2021b, S. 46ff.).

Ein weiterer Satz, der ebenfalls noch häufig kursiert, lautet: „Kinder testen Grenzen und manipulieren!" Hier klingt mit, dass Erwachsene sich zu einem **Machtkampf** herausgefordert fühlen. Die Kinder jedoch möchten vielmehr auf der Suche nach Kontakt und im Sinne der sozialen Exploration ihr Gegenüber kennenlernen und dessen Grenzen erfahren. Gehen Erwachsene Konflikten aus dem Weg, so kann es durchaus passieren, dass die Kinder immer lauter und beharrlicher werden, bis sie ihre Antworten erhalten bzw. bis sie die Präsenz des Erwachsenen spüren. Hier geht es nicht um ein „Austesten", sondern um das Bedürfnis nach Anerkennung, nach dem Gesehen-werden-wollen (vgl. Hohmann 2021, S. 177; Juul 2013, S. 31).

Nicht selten wird das Verhalten des Kindes dann zum Problem, weil es den alltäglichen Ablauf behindert oder stört. Ein Kind wird so leicht zum Objekt, das den Alltag belastet, und bekommt einen Stempel aufgedrückt: „Er stört immer!" „Sie weint bei jeder Kleinigkeit." „Das Nesthäkchen bekommt immer, was es will!" Hier ist äußerste Vorsicht geboten, und es ist Aufgabe der Fachkräfte, hinter das Verhalten zu blicken, dessen Sinn für das Kind zu erkennen und eine wertschätzende Haltung zu wahren, statt **willkürlich Grenzen** zu setzen (vgl. Hehn-Oldiges 2021, S. 20f.).

## Die pädagogische Fachkraft als Vorbild

**Kinder benötigen Vorbilder, die für ihre Grenzen einstehen und in zugewandter, sachlicher und feinfühliger Art zum Ausdruck bringen. Es kann für Kinder hilfreich sein, wenn sie diese Grenzen verstehen und nachvollziehen können, aber einige persönliche Grenzen lassen sich nicht erklären. Kinder achten auch diese Grenzen – nicht, weil sie sie verstehen, sondern vielmehr, weil sie die Person, die die Grenze benennt, respektieren. Ebenso vorbildhaft wahrt auch die Fachkraft die persönliche Grenze des Kindes, wodurch gegenseitiger Respekt entsteht, der im Miteinander leben und wachsen kann (vgl. Juul 2013, S. 28ff.).**

In den Kinderrechten werden die Grenzen und Grenzwahrungen zum Schutz der Kinder formuliert und bilden den rechtlichen Rahmen für die Einhaltung und Wahrung einer gewaltfreien Erziehung.

## Kinderrechte auf einen Blick

1. Alle Kinder haben die gleichen Rechte. Kein Kind darf benachteiligt werden.
2. Kinder haben das Recht, gesund zu leben, Geborgenheit zu finden und keine Not zu leiden.
3. Kinder haben das Recht, bei ihren Eltern zu leben und von ihren Eltern gut betreut zu werden.
4. Kinder haben das Recht, zu lernen und eine Ausbildung zu machen, die ihren Bedürfnissen und Fähigkeiten entspricht.
5. Kinder haben das Recht, zu spielen, sich zu erholen und künstlerisch tätig zu sein.
6. Kinder haben das Recht, bei allen Fragen, die sie betreffen, sich zu informieren, mitzubestimmen und zu sagen, was sie denken.
7. Kinder haben das Recht auf Schutz vor Gewalt, Missbrauch und Ausbeutung.
8. Kinder haben das Recht, dass ihr Privatleben und ihre Würde geachtet werden.
9. Kinder haben das Recht, im Krieg und auf der Flucht besonders geschützt zu werden.
10. Kinder mit Behinderung haben das Recht auf besondere Fürsorge und Förderung, damit sie aktiv am Leben teilnehmen können. (vgl. Makista 2017, S. 5).

## 1.3 Wenn pädagogische Fachkräfte strafen

Werfen wir einen Blick in Konzeptionen von pädagogischen Einrichtungen, so finden wir wohl nur schwerlich explizit Strafen als Maßnahme pädagogischen Handelns. Und es gibt auch kaum Erziehungswissenschaftler und Erziehungswissenschaftlerinnen, die Strafen gegenüber Kindern öffentlich befürworten. In § 1631 Abs. 2 Bürgerliches Gesetzbuch (BGB) heißt es, dass körperliche Bestrafung, seelische Verletzungen und entwürdigende Maßnahmen unzulässig sind. Das Gesetz verbietet seit dem Jahr 2000 Gewalt in der Erziehung.

Auch wenn die überwiegende Mehrheit der pädagogischen Fachkräfte eine straffreie Erziehung befürwortet, lassen sich bestimmte Maßnahmen in der pädagogischen Praxis nicht so leicht ausrotten. Warum? Diese Frage ist nicht ganz einfach zu beantworten, es gibt aber durchaus Anhaltspunkte, die etwas Licht ins Dunkel bringen:

Für einige Fachkräfte sind Strafen eine angemessene Erziehungsmethode, die sie **aus Überzeugung** einsetzen. Dies ist nach dem heutigen Erziehungsauftrag und der Gesetzeslage unzulässig. Andere Fachkräfte greifen aus **Überforderung** und **Alternativlosigkeit** zu diesen Maßnahmen. Auch diese Handlungen gilt es zu stoppen und die Handlungsfähigkeit der Fachkräfte durch **Reflexion**, eigene **Biografiearbeit** und verbesserte **Rahmenbedingungen** zu unterstützen.

## Situationen reflektieren

„Eine Handlung wird erst durch Deutung zu einer Strafe. Die Deutung ist abhängig von biografischen Erfahrungen, der pädagogischen Beziehung, dem situativen Kontext, der Entwicklung von Kindern. (...) Das macht das Thema so schwierig und erfordert von Pädagoginnen und Pädagogen eine hohe analytische-reflexive Kompetenz in der Deutung von Situationen und in Bezug auf das eigene Handeln“ (Richter 2019, S. 45).

### Transgenerationale Weitergabe

Einige Fachkräfte haben in ihrer Kindheit selbst unter einer Form von Gewalt gelitten, wurden beschämt, bestraft, möglicherweise vernachlässigt. **Gewalt in der Kindheit**, egal, ob diese körperlich sichtbar wird oder seelisch und versteckt abläuft, hinterlässt **tiefe Wunden** und somit Narben. Werden diese Erfahrungen nicht ausreichend reflektiert, so liegt es nahe, dass Erwachsene in konflikthaften Situationen in alte Muster tappen und selbst Erlebtes weitergeben. Unter Umständen empfinden sie ihre Reaktion als notwenige Handlung.

Die eigenen Erfahrungen, besonders wenn diese traumatischer Natur sind, beeinflussen nachfolgende Generationen. Man spricht von einer **transgenerationalen Weitergabe**, wenn sich prägende Erfahrungen über Generationen hinweg wiederholen. Verantwortlich hierfür kann das Verhalten der Eltern sein, aber auch eine „epigenetische Programmierung des Stresssystems“ (Strüber 2019, S. 250). Nicht immer muss ein Mensch selbst die Erfahrungen gesammelt haben, um Eigenschaften weiterzugeben; **epigenetische Markierungen** lassen sich auch über Generationen hinweg vererben, ohne dass der Mensch den Stress selbst erlebt haben muss. Zudem kann das Stresssystem eines Fötus durch eine vorangegangene Traumatisierung der Mutter beeinflusst werden und einen erhöhten Cortisolspiegel mit sich bringen.

Zusammengefasst heißt das: Kinder traumatisierter Eltern können durch direktes Erleben oder durch Vererbung beeinträchtigte emotionale Kompetenzen aufweisen und gehen unter Umständen weniger zugewandt, feinfühlig und empathisch auf Menschen und deren Bedürfnisse ein. Zudem haben sie möglicherweise Probleme in der **Stressbewältigung** und eigenen **Impulshemmung** (ebd., S. 250ff.). Dies lässt darauf schließen, dass diese Kinder auch später als Erwachsene aufgrund dieser Prägungen leichter dazu neigen, Strafen zu verhängen, wenn sie sich nicht ausreichend mit diesen Mechanismen auseinandersetzen.

Um die transgenerationale Weitergabe von Gewalterfahrungen zu durchbrechen, sind Kinder mindestens auf eine feinfühlige Person angewiesen, die sie emotional nährt (vgl. Egeland 1988). Es geht darum, die eigenen blinden Flecken zu erkennen, zu reflektieren und Schmerzerfahrungen zu heilen (vgl. Hohmann 2021, S. 81; Saalfrank 2017, S. 81; Suess & Pfeiffer 1999). Oft fehlt es noch an Vorbildern und Handlungsalternativen, um in Situationen der Überforderung und Ohnmacht in Beziehung und auf Augenhöhe zu reagieren.

### Belastungen im Berufsalltag

Hinzu kommen **Belastungen** wie Lärm, Anspannung auch nach Arbeitsende, Zeitdruck und Personalmangel. Dies kann dazu führen, dass pädagogische Fachkräfte psychisch beeinträchtigt sind und sich Depressionen oder Burnout ausbilden (vgl. Schreyer et al. 2014, S. 85; Boll & Remsperger-Kehm 2021).

Die oftmals **unzureichenden Arbeitsbedingungen** sowie die daraus resultierende Erschöpfung der Fachkräfte können wiederum zur Folge haben, dass die Mitarbeiterinnen und Mitarbeiter die Bedürfnisse der Kinder nicht erkennen und zu beantworten in der Lage sind (vgl. Remsperger 2011). Die intensive Emotionsarbeit, die sie leisten, kann dazu führen, dass ihre eigenen Stimmungen und Bedürfnisse in den Hintergrund treten (vgl. Viernickel & Voss 2012, S. 165ff.). Wird diese Lage nicht ausreichend reflektiert, werden die eigenen Grenzen der Fachkräfte nicht erkannt, so liegt die Gefahr nahe, dass diese ihr Stresssystem ausreizen und überreagieren.

### Herausforderndes Verhalten von Kindern

Zusätzlich herausfordernd für Fachkräfte ist es, wenn Kinder ein **auffälligeres Verhalten** zeigen und zusätzliche Energien gefordert sind. Problematisch wird es, wenn Mitarbeiter und Mitarbeiterinnen dann machtvoll bis strafend reagieren und der lieblose Umgang im Team der Fachkräfte nicht thematisiert, sondern verschwiegen wird (vgl. Nürnberg 2018, S. 42).

All das sind **mögliche Begründungen**, die Fachkräfte zu einer Art von strafenden Maßnahmen greifen lassen. Keiner der dargestellten Gründe legitimiert jedoch strafendes Verhalten. Jede Fachkraft trägt die Verantwortung für ihr Handeln und sollte in der Lage sein, ihr Verhalten zu reflektieren, und bei Bedarf Unterstützung einfordern.

Für Fachkräfte ist es nicht immer leicht abzuschätzen, was unter einer Strafe verstanden wird. Wo beginnt die Strafe? Was zählt zu einer körperlichen oder seelischen Bestrafung? Wo beginnt Gewalt? Wie unterscheiden sich wohlgemeinte „Folgen" oder sogenannte Konsequenzen von Strafen? Wie kann achtsam und gewaltfrei im Sinne des einzelnen Kindes, der gesamten Kindergruppe „erzogen" werden?

## 1.4 Offene und versteckte Strafen

Es gibt **viele Formen von Strafen**, und sollten wir diese nach ihrer Schwere einordnen, so würden sicherlich einige die körperlichen über die seelischen stellen. Wichtig zu wissen ist, dass sich der soziale, **seelische Schmerz** (social pain) ähnlich tief und schmerzhaft im Gehirn verankert wie der **körperliche Schmerz** (physical pain) (vgl. Bauer 2008). Das Tückische ist, dass manche sich oft gar nicht bewusst darüber sind, was unter strafendes Verhalten fällt. So meinen einige, dass es sich bei einer Auszeit zum Beispiel um eine „Erziehungsmaßnahme" handele. Sie sind überzeugt: „Ich strafe Kinder nicht!" Dabei sind Ausschlüsse aus Gruppen, Verbote von Spielen und Demütigungen durchaus strafend, denn sie haben zum Ziel, das Kind mit ihrer Hilfe zu einem anderen Verhalten zu bewegen. Nun ist es an der Zeit, strafendes Verhalten zu reflektieren und sich dessen bewusst zu werden, um es im folgenden Schritt durch eine straffreie Strategie zu ersetzen.

> Wir sollten den Mut haben, verbale Beschämung, Diskriminierung, den Zwang zum Essen, die Schlafpflicht oder auch das Fixieren (z.B. mit dem Lätzchen am Tisch oder auf dem Schoß der Fachkraft) klar als Strafe zu benennen. Nicht mit dem Ziel, den Finger auf die Fachkraft zu richten und sie an den Pranger zu stellen, sondern vielmehr, um schon immer Dagewesenes aufzudecken und zu verändern. Der Zweck heiligt nicht die Mittel, auch wenn die Absicht dahinter möglicherweise wohlwollend ist.

Die **körperlichen (physischen) Strafen** scheinen nach wie vor offensichtlicher zu sein. Dazu zählen unter anderem das Ziehen am Arm, Festhalten auf dem Stuhl oder Schoß und der Klaps auf ein Körperteil. Daneben gibt es die **seelischen (psychi-**

**schen) Strafen**, die leichter übersehen werden können, weil sie häufig viel leiser und verdeckter geschehen, so auch die „Bindungsstrafen" wie das Ignorieren oder Ausschließen (Scherwath 2021b, S. 109).

Das Gesetz (§1631 Abs. 2 BGB) zeigt klar auf, dass jede Form von Gewalt unzulässig ist und Kinder dadurch einen Schaden erleiden. **Strafen sind somit als Erziehungsmittel nicht erlaubt.**

## Gewaltvolle und strafende Verhaltensweisen

!

In dieser Liste werden einige gewaltvolle Verhaltensweisen von pädagogischen Fachkräften benannt, die auf Kinder strafend wirken und in der Begleitung von Kindern nicht angewendet werden dürfen. Dazu zählen:

- Beschämung, Herabwürdigung
- Diskriminierungen
- Ignorieren
- Anschreien von Kindern
- Vernichtende Kritik
- Anschuldigungen
- Drohungen und unter Druck setzen
- Vergleichen und Bevorzugung von Kindern
- Belohnungen
- Zwänge aller Art, egal ob zum Essen, Schlafen, Hygiene
- Körperliches festes Anpacken, Zerren oder Fixieren (ohne nachvollziehbare Gründe)

(vgl. Maywald 2019, S. 40ff.; Scherwath 2021b, S. 106)

Zur Erinnerung: Kinder erfahren, dass sie für die gewaltvolle Strafe aufgrund ihres Verhaltens selbst verantwortlich sind. Sie fühlen, dass sie so, wie sie sind, nicht okay sind. Die persönliche Grenze des Kindes wird dabei massiv verletzt.

Eine Strafe wird durch eine Autorität aufgrund eines Regelverstoßes verhängt und soll das Kind zum gewünschten Verhalten bewegen. Sie drückt die Macht einer Autorität aus. Eine Strafe hat keine logische, sondern eine willkürliche Verbindung zwischen dem unerwünschten Verhalten und der Folge. Sie ist meist an ein moralisches Urteil geknüpft, wodurch das bestrafte Kind sich „böse“ und weniger wert fühlt.

Wenn sich pädagogische Fachkräfte der Tatsache bewusst sind, dass Strafen nicht sinnvoll sind, wird der Begriff von ihnen nicht verwendet. Es kommt aber manchmal zu Äußerungen wie: „Das hat Folgen!“ „Die Konsequenzen bekommt er zu spüren!“ Dahinter können sich ebenfalls willkürliche und unlogische Maßnahmen verbergen. Ist es eine logische Konsequenz, wenn ein Kind zu spät zum Tisch kommt und dann kein Essen mehr bekommt? Logisch ist, dass das Essen dann kälter wäre. Oder wenn Kinder ohne Gummistiefel in Pfützen springen und dann als Konsequenz nicht mehr draußen spielen dürfen? Die logische Konsequenz ist, dass ihre Füße nass sind und sich die Kinder nach etwas Trockenem umsehen sollten. Und was, wenn beim Fußballspielen eine Scheibe zu Bruch geht?

Die Kinder spielen im Kita-Garten mit dem neuen Fußball von Hugo. Als Emma schießt, trifft sie eine Fensterscheibe und hört ein Klirren. Fachkraft Natascha hatte den Kindern gesagt, dass der Ball von Hugo unbedingt in der Garderobe bleiben muss, da er für Spiele in der Kita zu hart sei. Als Natascha die kaputte Scheibe sieht, erschrickt sie, wie auch die Kinder, und sagt, dass sie den Ball nun in den Müll wirft.

Den Ball zu entsorgen wäre definitiv eine **Strafe**, da sie sich auf den Normbruch bezieht. Würde die Fachkraft hingegen die Eltern auffordern, die Scheibe zu bezahlen (wobei es hierfür ja Versicherungen gibt), dann handelt es sich nicht um eine Strafe, sondern um eine **Wiedergutmachung** bzw. einen **Schadensausgleich**.

Wird aufgrund des Vorfalls ein allgemeines Fußballverbot verhängt, könnte auch dies als **Strafe** gewertet werden. Eine **logische Folge** hingegen wäre, dass das Ballspielen in Fensternähe untersagt wird oder die Kita beschließt, dass aus Sicherheitsgründen und zum Schutz nur mit weichen Bällen, nicht aber mit Fußbällen gespielt werden darf. Hierbei handelte es sich um eine **Regel** zum Wohle aller. In diesem Zusammenhang kann mit den Kindern gemeinsam an das Regelbüchlein der Reckahner Reflexion (siehe Seite 10) erinnert werden, und dieser Vorfall wäre Anlass, erneut darüber zu sprechen. So ergibt sich für alle Beteiligten die Möglichkeit, aus dem Vorfall zu lernen und daran zu wachsen – ganz **ohne** eine **Schuldzuschreibung** oder Beschämung.

Möchte Fachkraft Natascha aufgrund von Erschöpfung heute alle Bälle im Materialraum lassen, so kann sie ihre **persönliche Grenze** formulieren und die geltende Regel für diesen Tag in Absprache mit den Kindern verändern.

Wie sieht es darüber hinaus mit Belohnungen, der Auszeitmethode und Bewertungssystemen wie der Ampel als pädagogische Maßnahme aus?

## Die Belohnung: Wolf im Schafspelz

Auch die **Belohnung** ist eine Form der Bestrafung, denn sie hat zum Ziel, das Kind zu einem veränderten Verhalten zu bewegen. Doch auch das geschieht nicht ohne Nebenwirkungen. Typische Belohnungen sind Süßigkeiten, Sticker oder ein übermäßiges verbales **Lob**, wie: „Schaut, das hat Thor aber toll gemacht!“

Nach Gordon (2014) müssen bestimmte Bedingungen erfüllt sein, damit die Belohnung auch greift. Das Kind muss sich für die Belohnung interessieren, damit es sich anpasst. Die Belohnung muss das Kind als

**Wertschätzung statt Lob**

Kinder wertzuschätzen, ihnen zurückzumelden „Ich sehe dich und dein Tun“ und ihnen unsere *Präsenz* und *Aufmerksamkeit* zu schenken, ist hingegen förderlich und erfüllt seelische Bedürfnisse nach Anerkennung, Resonanz, Sinn und Wertschätzung.

bedürfniserfüllend empfinden, genauer gesagt: Das Kind ist von der belohnenden Person abhängig und nicht in der Lage, sich ein bestimmtes Bedürfnis selbst zu erfüllen. Eine Belohnung kann vorab angekündigt werden oder wird spontan genutzt, nachdem ein Kind ein gewünschtes Verhalten gezeigt hat. Belohnungen nutzen sich mit der Zeit ab. Eine Belohnung für das eine Kind kann eine Bestrafung für ein anderes bedeuten. So freut sich Thor vielleicht, dass die Fachkraft zu ihm sagt: „Toll gemacht Thor!“. Elise, die sich gerade ebenso bemüht hat, fühlt sich hingegen nicht gesehen und zweifelt an ihrem Tun. Die Fachkraft sollte daher, statt das Verhalten des Kindes zu bewerten, Wertschätzung und Anerkennung ausdrücken, indem sie beispielsweise sagt: „Du kannst stolz auf dich sein!“, „Ich sehe dich, Thor“, „Ich freue mich, dass du dich so angestrengt hast“ oder auch „Danke, dass du dich so bemüht hast“ (vgl. Wedewardt 2022).

Generell machen Belohnungen, werden sie regelmäßig eingesetzt, abhängig und behindern die natürliche Entwicklung des Selbstwertes. Ein kritischer Blick, wann und aus welchem Grund ich belohne, ist daher vonnöten, und es gilt, gezielt zu hinterfragen, ob Belohnungen (Süßigkeiten, Zuneigungen, Aufkleber) an das Verhalten eines Kindes geknüpft werden sollten (vgl. Gordon 2014, S. 50ff.; Wedewardt & Hohmann 2021, S. 97f.)

### Die Auszeit-Methode: Wer braucht eine Pause?

Eine weitere Maßnahme, um Fehlverhalten von Kinder zu regulieren oder zu bremsen, ist die **Auszeit-Methode**, die auch „Stiller Stuhl“ oder „Time-out“ genannt wird. Ein Kind wird nach einem bestimmten unerwünschten Verhalten an einen anderen Ort geschickt, allein in eine Ecke des Raumes, in die Garderobe oder in eine andere Gruppe. Bei der Auszeitmethode handelt es sich, ähnlich wie beim Ignorieren, um eine **„Bindungsstrafe“** (Scherwath 2021b, S. 109), die davon lebt, dass das

Kind Bindungsangst empfindet. Durch diesen **erzwungenen Kontaktabbruch** treten bei dem Kind Ängste, Einsamkeit, Verzweiflung, Trauer und Not auf. Der seelische Schmerz, der sich im Gehirn einbrennt (vgl. Bauer 2013), zwingt das Kind dazu, sein Verhalten den Wünschen der Fachkraft anzupassen, um sich wieder zugehörig zu fühlen.

„Beziehung wird damit im inneren Erleben des Kindes an die Bedingungen geknüpft, es anderen recht zu machen" (Scherwath 2021b, S. 109). Wird ein Kind ausgeschlossen, um es zu einem erwünschten Verhalten zu bewegen, gefährdet dies durch die **Bedrohung des Bindungsbedürfnisses** seine psychische Gesundheit maßgeblich. Diese Methode macht sich die natürliche **Angst** des Kindes vor **Bindungsverlust** zunutze. Das Kind gerät in **emotionalen Stress**, kann aber keineswegs über sein Verhalten reflektieren und daraus etwas – wie vermutlich gewünscht – für die Zukunft lernen.

Aller Wahrscheinlichkeit nach greift eine pädagogische Fachkraft auf diese Methode zurück, weil sie von deren Wirksamkeit als angemessenes Erziehungsmittel überzeugt ist. Eine andere Hypothese wäre, dass die Fachkraft sich überfordert fühlt und nicht weiß, wie sie die Situation anders entschärfen kann. Sie benötigt gegebenenfalls selbst einen Moment der Ruhe.

Isoliert die Fachkraft ein Kind, um wieder für Ruhe und Sicherheit in der Gruppe zu sorgen, sollte sie dabei bedenken, dass das weggeschickte Kind in dieser angeordneten Auszeit Qualen durchlebt und das Stresssystem des Kindes auf Hochtouren läuft. Im bindungsorientierten Sinn sollte die Fachkraft das Kind zügig entlasten und die Verantwortung für diese Bindungsstrafe auf sich nehmen. Sie sollte dem Kind mitteilen, dass sie sich nicht anders zu helfen wusste und nicht das Recht hat, Kinder wegzuschicken.

Bleibt das Kind hingegen mit diesem seelischen Schmerz zurück und erfährt keine Entlastung, erlebt es Ausgrenzung, Ablehnung und bekommt keinerlei Unterstützung in der Regulation seiner Gefühle, die es aber in diesem Moment so sehr benötigt (vgl. Haug-Schnabel 2020, S. 32ff.; Wedewardt & Hohmann 2021, S. 97f.). Der Schmerz wird zu einer Energie, die sich früher oder später entladen muss, um den unerfüllten

Bedürfnissen nach Bindung, Sicherheit, Anerkennung, Zugehörigkeit entgegenzuwirken (vgl. Bauer 2013; Hohmann 2021), und verwandelt sich in Wut und Aggression.

Mit dieser Methode werden zudem die **Grundrechte der gewaltfreien Erziehung verletzt**, da die physische und psychische Unversehrtheit des Kindes bedroht wird. Die Fachkraft nutzt die Abhängigkeit des Kindes aus und löst in ihm Gefühle wie Scham, Angst und Unsicherheit aus. Insbesondere in diesen Momenten benötigt das Kind eine **verlässliche Bezugsperson**, die ihm mit ihrem professionellen Wissen in zugewandter und **positiver Haltung** und mit **Interesse** an den Hintergründen für sein Verhalten zur Seite steht. Gerade in schwierigen Beziehungssituationen sollte die Fachkraft in der Lage sein, für **Verbundenheit, Klärung** und **Zuwendung** zu sorgen. Die Erfüllung dieser Bedürfnisse sollte in keinem Moment an das Verhalten eines Kindes geknüpft werden. Jedes Kind hat ein Recht darauf, nicht nur „liebe" und angepasste Kinder.

Hinzu kommt, dass Kindern mit dieser Methode der Ausgrenzung vermittelt wird, es sei erlaubt, Menschen, die durch ein Verhalten auffallen oder nicht „passen", auszugrenzen. „Dies schürt somit Feindseligkeit unter Kindern und Menschen, weil im vorbildlichen Sinne nicht für Verständnis, Verbundenheit und Konfliktbereitschaft, sondern für Machtdemonstration, gewaltvolles Handeln und Ausgrenzung geworben wird" (Scherwath 2021a).

Anders ist es, wenn das Kind selbst einen Ort des Rückzuges wählt oder die Fachkraft gemeinsam mit dem Kind den Ort wechselt und zum Beispiel eine Runde in den Garten geht oder anderweitig zusammen die aufgeladene Situation verlässt. Das Kind erfährt so Co-Regulation und bleibt mit der Bezugsperson in Verbindung. Dies wird als **„time-intensive"** (vgl. Brisch 2016; Scherwath 2021b) bezeichnet, eine Zeit, in der das Kind im Eins-zu-eins-Kontakt Resonanz, Zuwendung, Regulation und ein echtes Interesse an seinem Verhalten erfährt. Die Fachkraft kann zudem im entspannten Zustand zurückmelden, welches Verhalten sie sich wünscht und mit dem Kind nach Handlungsalternativen suchen.

Möchte die Fachkraft eine Auszeit verhängen, so darf sie sich immer fragen: **Wer benötigt diese Auszeit?** Ist es der Fachkraft in diesem Moment zu viel, was im schnelllebigen Gruppenalltag in Dauerpräsenz nicht verwunderlich ist und vorkommen kann, so sollte sie die **Verantwortung für die Erfüllung ihrer Bedürfnisse** tragen, statt das Kind aufgrund der Überforderung auszugrenzen. Sollte es dennoch passieren, so ist es die Aufgabe der Fachkraft, im Nachgang zu reflektieren und das Kind aus der Schuld zu nehmen.

Das Kind darf dafür nicht in die Verantwortung genommen werden. Kann die Fachkraft in dem Moment keine Unterstützung anbieten, so sollte sie sich nicht scheuen, Hilfe zu holen, statt die Situation gewaltvoll zu beenden. Die Time-out-Methode darf aus den dargestellten Gründen nicht als Erziehungsmethode Anwendung finden.

### Die Verhaltensampel als Verstärkersystem

Eine weiterhin noch sehr verbreitete Methode zur Verhaltensregulierung von Kindern sind Bewertungsinstrumente und Verstärkersysteme wie die **Verhaltensampel** oder die **Wetterkarte**. Das Verhalten eines Kindes oder der ganzen Kindergruppe wird gemäß einer Ampel mit den Farben Rot, Gelb, Grün, einer Wetterkarte oder Smiley-Symbolen eingeschätzt. Grün symbolisiert, dass das Kind sich regelkonform verhalten hat, während Rot auf Verstöße hinweist. Es gibt auch noch die Erweiterung mit Schwarz oder Gold für hervorstechendes Verhalten.

Auf den Skalen werden die Fotos oder Namen der Kinder befestigt, um die Bewertung des Arbeits- oder auch Sozialverhaltens transparent zu gestalten. Die Bewertung nimmt immer die betreuende Fachkraft vor. Es ist eine große Herausforderung, eine Gruppe so zu führen, dass sich die Kinder im Sinne der Gemeinschaft und des eigenen Bedürfnisses nach Ruhe, Ordnung und Harmonie aufmerksam und rücksichtsvoll verhalten. Jedoch ist die Ampelmethode für die Erreichung dieses Ziels nicht geeignet, auch wenn ein kurzzeitiger Rückgang des unerwünschten Verhaltens zu beobachten ist. Kurzzeitig kann eine Einsicht vermutet werden, die aber keineswegs von langfristiger und nachhaltiger Dauer ist (vgl. Hehn-Oldiges 2021, S. 54).

Die Ampeln sollen Kinder motivieren, sich von ihrer besten Seite zu zeigen, um sich über die Markierung auf Gold, der Sonne oder dem glücklichen Smiley zu freuen. Dabei wird leider völlig übersehen, welche Botschaft diese Systeme den Kindern vermitteln. Die Kinder fühlen sich angeprangert und spüren Scham. Selbst für angepasste Kinder bedeutet dies unter Umständen großen **Stress** und **Anspannung**, da auch sie Sorge haben, abzuweichen und aufzufallen. Es liegt nahe, dass die Kinder aus **Angst** und **Scham** ihre eigenen **Bedürfnisse unterdrücken** und sich nicht frei entfalten können. Ihr Wohlbefinden wird beeinträchtigt.
Zudem wirkt sich diese Bewertung von außen störend auf das Selbstbild des Kindes aus und **behindert** nicht nur **die Beziehung unter den Kindern** (Vergleiche und Konkurrenz), sondern auch massiv **die Beziehung zwischen der Fachkraft und dem Kind**. Bei dem Kind bleibt durch die subjektive Bewertung der Fachkraft ein Gefühl von „Ich bin nicht okay!" zurück. Kinder, die gelegentlich auffallen, werden so leicht stigmatisiert und geraten in einen Teufelskreis. Sie geraten in eine Rolle und werden zum Beispiel zum „Klassenclown", zum „Störer". Kinder, die öfter auf Gelb oder Rot stehen, fragen sich, wozu sie sich überhaupt anstrengen sollen.

Der Fokus der Fachkräfte liegt verstärkt auf den **Regelverletzungen**, die anschließend sanktioniert werden müssen. Dagegen wird der Blick kaum auf die **Ursachenforschung** gerichtet. Kinder fühlen sich schlichtweg demotiviert, wenn sie diesen Bewertungen nicht gerecht werden. Sie erfahren dadurch nicht, wie sie eine Regel aufgrund des Sinns für die Gemeinschaft einhalten können. Zudem lernt das Kind nicht, die eigenen Bedürfnisse zu erkennen, zu benennen und sie sich mit gesunden Handlungen zu erfüllen. Auch für Kinder, die durch unauffälliges oder ausgezeichnetes Verhalten glänzen, kann diese Hervorhebung unangenehm sein. Sie werden ebenfalls in eine Schublade gesteckt und gelten gerne als „Vorzeigekind", was sie nicht zwangsläufig mit Stolz, sondern auch mit Scham erfüllt und Konkurrenz unter den Kindern schürt.

Datenschutzrechtlich befinden sich diese Ampeln außerdem in einer Grauzone, denn meist erhalten auch Dritte, die den Raum betreten, Einblicke und ziehen automatisch Rückschlüsse. Ein ähnliches Instrument im Raum der Mitarbeiterinnen und Mitarbeiter wäre undenkbar und sollte auch für Kinder in dieser Form nicht angewendet werden (vgl. Hehn-Oldiges & Ostermann 2020; Hehn-Oldiges 2021; Hohmann 2020; Mikan & Schwabe 2021).

## 1.5 Folgen von Strafen

Es gibt also Strafen in vielfältigen Formen und Farben. Sie können körperlicher oder seelischer Natur sein. In jedem Fall wird die Freiheit des Kindes eingeschränkt, und die Strafe (zer-)stört die Beziehung zum Kind (vgl. Juul 2011, S. 30f.).

Das Trügerische ist, dass Strafen für einen gewissen Zeitraum aufgrund der Angst der Kinder vor Beschädigung wirksam scheinen und die Fachkräfte kurzfristig erreichen, dass sich das Kind anpasst. Bestrafte Kinder handeln jedoch nicht aufgrund einer inneren Überzeugung, sondern sehen sich extern motiviert, zu gehorchen (vgl. Posth 2016).
Langfristig erzeugt der Einsatz von Strafen, die eine Form der Gewalt darstellen, **Gegengewalt**. Wenn Kinder den durch Strafen zugefügten Schmerz nicht direkt ausleben können oder dürfen, speichert er sich in ihrem „Aggressionsgedächtnis" ab. Er hinterlässt „(...) eine **emotionale Erinnerungsspur**, die den Aggressionsimpuls für einen eventuellen späteren Gebrauch wie eine Konserve aufbewahrt" (Bauer 2013, S. 78). Kinder lernen durch Strafen, dass der **Mächtige** seinen Willen durchsetzen kann und die Gründe für das Verhalten des Bestraften nicht von Interesse sind. Dadurch lernt das Kind aber nicht, sich und die Situation zu reflektieren, sondern erfährt **Stress** und fühlt sich klein und wertlos.

Kinder lassen sich kontrollieren und bestrafen, solange sie sich ihrer eigenen Selbstwirksamkeit unsicher sind. Nehmen ihre Selbstständigkeit und Unabhängigkeit zu, verlieren sie die Angst vor den drohenden Strafen und beginnen, sich dagegen aufzulehnen. Das Strafen verliert seine Macht und sein Ziel. „Strafen führen demnach nicht zu sozialem Verhalten, sondern stehen der Ausbildung von Empathie und kooperativen Konfliktlösungen regelrecht im Weg" (Rodriguez 2019, S. 34). Vermutlich plagen gestrafte Kinder Gefühle von Ärger, Beschämung, Wut, Unverständnis und Trauer, die sie nicht zum Reflektieren ermuntern, sondern eher überlegen lassen, was sie das nächste Mal tun können, um der Strafe zu entkommen (lügen, sich wehren, sich verstecken etc.). Erst im Laufe der Jahre lernen Kinder in der Regel, sich an Werte und Normen anzupassen, motiviert durch soziale Anerkennung und das Bedürfnis nach Verbundenheit (vgl. Posth 2016).

## 1.6 Der Verhaltenskodex für Fachkräfte

Damit Kinder in der Einrichtung keine Gewalt erfahren müssen, sollte jede pädagogische Konzeption klar formulieren, welches Verhalten von Fachkräften erwünscht und angebracht ist und wo Handlungsbedarf oder auch Meldepflicht besteht. Ein **Kinderschutzkonzept**, in dem klar formuliert wird, wo gewaltvolles, strafendes Handeln beginnt, sollte nicht nur auf dem Papier existieren und in Schränken verschwinden (Konzeption), sondern im Alltag dynamisch gelebt werden (vgl. Maywald 2018, 2019).

Damit Fachkräfte sich trauen, beobachtetes Verhalten untereinander anzusprechen, ist eine gelebte **Konflikt- bzw. Feedbackkultur** unumgänglich. Diese sollte gemeinsam im Team erarbeitet werden, um so ohne Sorge vor Konflikten – in einer umsichtigen Form und im angstfreien Raum – auch schwierige Dinge benennen zu können.

Ein **Verhaltenskodex** beschreibt praxisnah, wie ein respektvoller und gewaltfreier Umgang mit den Kindern gelebt wird – mit dem Ziel, die berufliche Ethik zu wahren (vgl. auch Laewen & Andres 2022). An dieser Stelle sei auf die Reckahner Reflexionen (siehe Seite 10) verwiesen, die auf Verletzungen innerhalb der Erwachsenen-Kind-Beziehung aufmerksam machen. Denn: Sollen sich Kinder zu selbstwirksamen Menschen entwickeln, die Konflikte gewaltfrei lösen lernen, benötigen sie Vorbilder, die selbst auf Gewalt und Strafen verzichten (vgl. Prengel et al. 2017; Wedewardt & Hohmann 2021, S. 88). Kinder tun eher das, was sie erleben und beobachten, als das, was Erwachsene ihnen sagen. Sie sind auf verlässliche Vorbilder angewiesen und haben ebenso ein Recht, sich in einem angstfreien Raum entwickeln und lernen zu dürfen.

An dieser Stelle sei weiter an die Kinderrechte (siehe Seite 14) erinnert, deren Einhaltung und Wahrung die pädagogischen Fachkräfte regelmäßig überprüfen sollten. Bei Verletzung eines Kinderrechtes kann gleichzeitig davon ausgegangen werden, dass das Verhalten der betreffenden Fachkraft zu reflektieren ist.

## 1.7 Fehlverhalten eingestehen

Ist es trotz aller Professionalität dann doch geschehen und die pädagogische Fachkraft hat strafvoll gehandelt, können folgende Maßnahmen ein beziehungsvolles Miteinander stärken:

- **Verantwortung übernehmen:** Das Kind trägt keinerlei Schuld für die Reaktion der Fachkraft. Auch wenn es etwas im Erwachsenen ausgelöst hat, ist es für das Verhalten nicht verantwortlich.
- **Selbstregulation vor Co-Regulation:** Bevor sich die Fachkraft dem Kind erneut zuwendet, sollte sie ihren eigenen Alarm deaktivieren und sich selbst regulieren. Hierbei helfen die Exitstrategien (siehe Kapitel 2).
- **Verbindung aufbauen:** Erst jetzt ist es ratsam, mit dem Kind oder den Kindern erneut in Verbindung zu treten und möglichst sachlich zu erläutern, was gerade geschehen ist. Hierfür eignen sich „Ich-Botschaften“, zum Beispiel: „Ich bin erschöpft und brauche Ruhe. Leider habe ich überreagiert und bin laut geworden. Das war nicht okay von mir, und ich bedauere sehr, dass ich dich angemeckert habe.“ Sollte die Fachkraft das Kind um Verzeihung bitten, so tut sie das vorrangig nicht, damit sie ihr Gewissen beruhigt, sondern um das Kind von einer Schuld frei zu sprechen.

- **Reflexion der Situation:** Im Nachgang sollte die Fachkraft die Situation in Ruhe reflektieren und sich fragen, was das Verhalten des Kindes bzw. der Kinder in ihr ausgelöst hat und wie sie eine ähnliche Situation zukünftig anders lösen kann (vgl. Hohmann 2021, S. 102ff.).

In einem **fehlerfreundlichen pädagogischen Team** kann dies auch Thema der nächsten Sitzung sein. **Gegenseitige Unterstützung im pädagogischen Alltag reduziert übergriffiges Verhalten.** Sich Fehlverhalten einzugestehen und Unterstützung einzufordern ist definitiv eine persönliche Stärke und zeugt von professionellem Verhalten. Den Vorfall unter den Teppich zu kehren wäre hingegen grob fahrlässig.

## Fehlverhalten eingestehen:

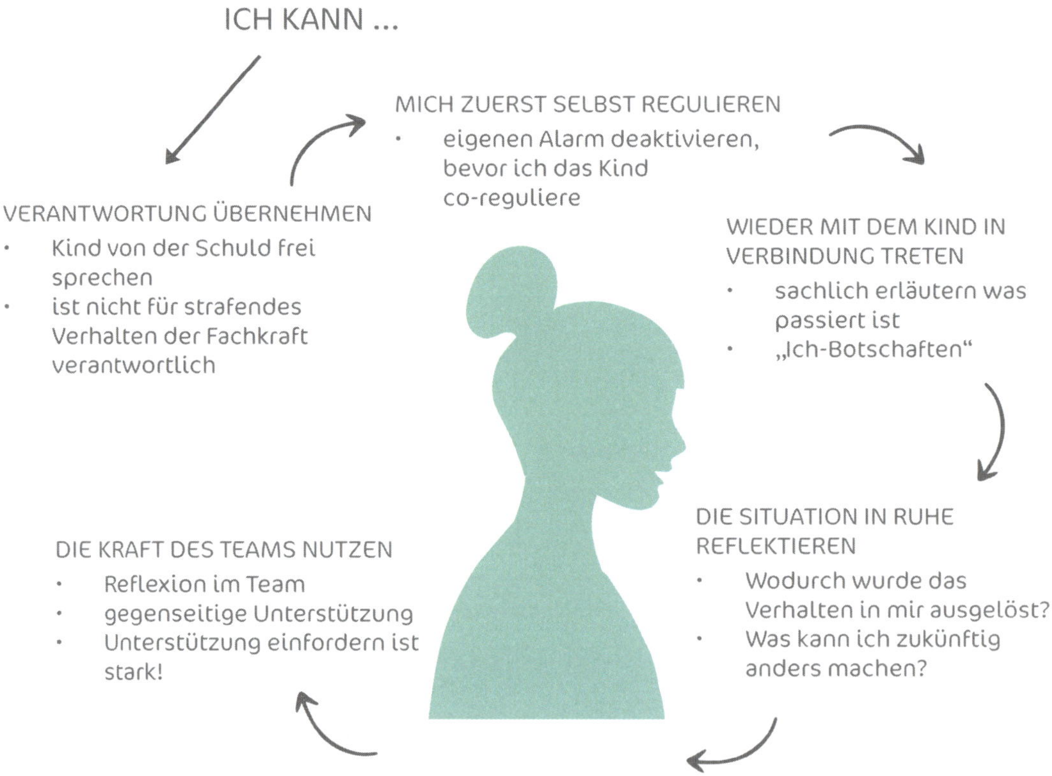

## 1.8 Es geht auch ohne Strafen – Handlungsalternativen

Auch wenn Pädagoginnen und Pädagogen wissen, dass Strafen den Kindern und der Fachkraft-Kind-Beziehung nicht guttun, fallen sie unter Umständen insbesondere in stressigen Momenten in alte Muster zurück und wiederholen Handlungsstrategien, die ihnen vertraut sind.

Was wir in der pädagogischen Praxis brauchen, damit nicht jede Fachkraft und Einrichtung ihr eigenes Süppchen kocht, ist ein **präzises Anforderungsprofil** und **Leitlinien für die Berufspraxis**, ähnlich wie in den Reckahner Reflexionen (siehe Seite 10) bereits formuliert.

Um neue Wege einzuschlagen, braucht es eine **kontinuierliche Weiterentwicklung**, die **Bereitschaft zur Reflexion**, vielfältige **Selbstkompetenzen**, aber auch **Handlungsalternativen**, auf die in konflikthaften Situationen zurückgegriffen werden kann. Man kann sich das wie eine Art Werkzeugkoffer vorstellen, den es zu füllen gilt (siehe Seite 4). Wurde bisher zum Beispiel herausforderndes Verhalten eines Kindes in der Kita durch eine Auszeit, eine laute Stimme, Herabwürdigung, das Verbot von Spielen oder mit Drohungen beantwortet, sind dies die Werkzeuge, die im Handwerkskoffer der Fachkraft vorrätig sind. Klappt sie ihn in dem Moment auf, in dem sie auf einen Reiz reagieren möchte, greift sie sinnbildlich blitzschnell zu und nimmt den Hammer, die Säge, den Schraubenzieher, die ihr zur Verfügung stehen. Und genau hier gilt es anzusetzen und seine Werkzeuge zu schärfen, zu polieren oder gar zu ersetzen.

## Pädagogischer Werkzeugkoffer:

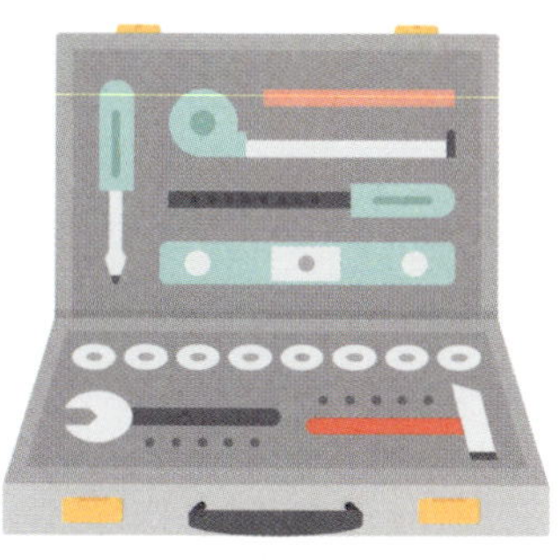

Die Fachkraft greift auf das ihr zur Verfügung stehende Werkzeug zurück und nutzt bekannte Handlungsstrategien, die es zu überarbeiten gilt.

„Zwischen Reiz und Reaktion liegt ein Raum. In diesem Raum liegt unsere Macht zur Wahl unserer Reaktion. In unserer Reaktion liegen unsere Entwicklung und unsere Freiheit."

*(Viktor Frankl)*

## Selbstkenntnis und Reflexion

Die Fachkraft muss selbst spüren, dass sie sich in einer Erregung befindet und Gefahr läuft, unreflektiert den Werkzeugkoffer zu öffnen und zuzugreifen. Nach der **achtsamen Wahrnehmung** gilt es, den **eigenen Alarm zu deaktivieren**, um in der Situation verlässlich und empathisch reagieren zu können. Kurz gesagt: Zuerst ist es wichtig, **Selbstregulation** zu üben, um dann in der Situation **coregulierend handeln** zu können. Dies ist aber nur möglich, wenn das eigene Stresssystem möglichst entspannt, also der Alarm deaktiviert ist, und das emotionale und denkende Gehirn miteinander verbunden sind. Überlassen wir allein dem emotionalen Gehirn die Führung, merken wir unter Umständen gar nicht, zu welchem Werkzeug wir greifen.

Im schnelllebigen pädagogischen Alltag mag dieser Grundsatz oft nur schwer anwendbar sein, da Fachkräfte mit Lärmbelastung, Zeitdruck, Erschöpfung und Dauerpräsenz kämpfen müssen. In der **Wahrnehmung der eigenen Stressoren und Alarmsignale im Körper** kann hier der Schlüssel zu finden sein, um Schritte der Veränderung anzugehen. Es gilt, sich selbst wahrzunehmen, um im folgenden Schritt überlegt und achtsam Situationen begleiten zu können – im Sinne des Kinderschutzkonzeptes: straffrei.

Ein wichtiger Grundsatz ist: Ich kann nur gut für andere sorgen, wenn es mir selbst gutgeht!

## Aktuelles Fachwissen, um Kinder zu verstehen

Auf der **fachlichen Ebene** ist es zudem wichtig, die eigenen Werkzeuge mithilfe von **entwicklungspsychologischem Hintergrundwissen**, regelmäßigem **Austausch, Literatur und Weiterbildung** auf den Prüfstand zu stellen, also den Sachverstand zu schulen. Verstehen pädagogische Fachkräfte das Verhalten eines Kindes, etwa die Hintergründe der Autonomiebestrebungen, statt diese als „Trotzanfall“ abzuwerten, können sie die eigenen Erwartungen an die Entwicklung des Kindes anpassen. Denn: Nicht das Verhalten eines Kindes löst in der Fachkraft ein bestimmtes Gefühl aus, sondern in der Regel sind es die eigenen Bewertungen und Erwartungen an das Kind und sein Verhalten (vgl. Hohmann 2021, S. 97ff.).

Ähnlich wie beim regelmäßigen Auffrischen eines Erste-Hilfe-Kurses sollte das pädagogische Wissen reflektiert und vertieft werden, sodass die eigenen Handlungsstrategien immer auf dem neusten Stand sind – das Werkzeug also regelmäßig TÜV-geprüft bzw. die Betriebsmittel überwacht werden.

## Beziehungszauber und Bindungsstärke

Um für Kinder der sichere Hafen sein zu können, darf die Bereitschaft zur Beziehung nicht fehlen. „Professionelle Nähe kennzeichnet eine Beziehungskompetenz, in der die Fachkraft bereit ist, sich sowohl emotional berühren zu lassen als auch körperliche Nähe zu geben, wenn das Kind das Bedürfnis danach äußert. Damit umfasst professionelle Nähe zugleich die Fähigkeit, sich in diesem Beziehungsangebot nicht mit eigenen Themen zu verstricken und Belastungen, die in nahen Beziehungen implizit sind, selbstverantwortlich zu regulieren bzw. zu erkennen, wann z.B. supervisorische Unterstützung benötigt wird" (Scherwath 2021, S. 113). Das bedeutet, dass die soziale Bedürfniserfüllung nach Bindung und Zugehörigkeit in keinem Zusammenhang mit dem kindlichen Verhalten stehen darf. Völlig losgelöst vom eventuell herausfordernden Verhalten des Kindes gehört es zur Profession, sich dem Kind positiv zuzuwenden, es anzunehmen wie es ist und ihm als Bindungsperson zur Seite zu stehen.

## Eine bestärkende Haltung und positive Kommunikation

Durch eine positive, interessierte und zugewandte Haltung entsteht ein **Klima der Wertschätzung und Ermutigung**. Statt das „störende" Verhalten in den Fokus zu rücken, wird mit den Kindern über ihre **Fähigkeiten und Stärken** gesprochen. Auslösern und Ursachen für Störungen wird nachgegangen. Statt Verbote zu formulieren, werden **Regeln und Ziele besprochen** und veranschaulicht. Statt unerwünschtes Verhalten zu betonen, wird das konstruktive Verhalten als Ziel benannt: „Hör auf zu treten" wird dann zu „Lass deine Füße bei dir!" oder „Wenn du Unterstützung brauchst, hole Hilfe!" (vgl. Hehn-Oldiges 2021. S. 57).

Kindern ist damit geholfen, wenn wir mit kurzen und klaren Formulierungen beschreiben, was gewünscht ist. Das schützt auch vor der Gefahr, dass sich Schlüsselwörter verstärken und die Kinder Negationen ausblenden: Die Aufforderung „Nicht beißen!" kann dazu führen, dass „nicht" überhört und das Wort „beißen" verstärkt wahrgenommen wird. Besser wäre hier: „Der Mund bleibt zu!"

Hilfreich ist zudem, **beobachtetes Verhalten wertfrei** zu **benennen** und dem Kind rechtzeitig zurückzumelden, um neue Handlungsoptionen zu eröffnen: „Du hast es geschafft, rechtzeitig Stopp zu sagen und dich so geschützt." „Ich sehe, Tom rückt nah an dich heran; solltest du mehr Platz benötigen, rutsch gerne ein Stück weiter" (vgl. ebd., S. 37ff.).

Erleben Kinder die Fachkräfte als **(Sprach-)Vorbild**, das seine eigenen Gefühle, Bedürfnisse und Grenzen kennt und diese auch benennt, lernen sie am Modell. Und die Fachkräfte bleiben in Kontakt mit sich selbst. So kann Fachkraft Lisa zum Beispiel sagen: „Ich bin gerade erschöpft und merke, ich brauche etwas Ruhe. Könntet ihr das Spiel nach draußen verlagern?" statt: „Wenn ihr weiter so laut seid, müsst ihr aufhören und geht in die Malecke und bastelt!"

## Profession braucht Unterstützungssysteme

Insbesondere in Zeiten der Personalknappheit sowie Überlastung durch die erhöhten Anforderungen aufgrund von Pandemien und Krieg brauchen Fachkräfte vor allem eins: Unterstützungssysteme, bestehend aus einem tragfähigen und vertrauensvollen Team, einer erfahrenen Leitungskraft und einem Träger, der die Notwendigkeit von Supervisionen, Fachberatungen und Weiterbildungen nicht in Frage stellt. Denn besonders in diesen Zeiten der Überlastung heißt es: „Wir haben keine Zeit für Supervisionen", und besonders dann sind sie nötiger als sonst!

Abgeleitet von der Zen-Weisheit: „Meditiere täglich 20 Minuten, es sei denn du hast keine Zeit, dann meditiere eine Stunde!"

Wissend, dass Fachkräfte sich nur gut um die Bedürfnisse und Belange der Kinder kümmern können, wenn es ihnen gutgeht, wenn sie achtsam mit sich sind, sollten sie die eigenen Grenzen wahren und kommunizieren.

Leider lautet das Motto einiger Fachkräfte eher durch- oder aushalten. Ein Nährboden für ein unachtsames Handeln mit sich selbst und folglich mit den ihnen anvertrauten Kindern.

# 2 „Kinder machen nicht das, was wir sagen, sondern das, was wir tun!“ Vorbildhaftes Verhalten

Manchmal beobachten Fachkräfte Konflikte unter Kindern, die sie als unfair einstufen, und gehen zum Schutz der Kinder dazwischen. Die Art und Weise, wie diese Konflikte begleitet oder gelöst werden, wird von den Kindern genauestens beobachtet und später selbst nachgeahmt: Kinder machen nicht das, was wir sagen, sondern das, was wir tun! (vgl. Juul 2011).

## Das Beispiel

Die Kindergruppe hält sich im Außengelände auf, die Sonne scheint wunderbar. Die Fachkräfte Lisa und Natascha stehen am Rand der Rasenfläche und beobachten die Kinder. Der dreijährige Luis sieht Lorenz beim Rollerfahren zu, geht zu ihm, nimmt ihm flink den Roller weg und steigt auf. Lorenz schaut verblüfft zu seiner Bezugspädagogin Natascha hinüber. Natascha kann nicht glauben, was sie da sieht, steht aufgeregt auf und sagt: „So geht das aber nicht. Hier wird niemandem etwas weggenommen.“ Sie läuft zu Luis und entreißt ihm den Roller. „Luis, ich hab gesehen, wie du Lorenz den Roller weggenommen hast. Das möchte ich nicht noch einmal sehen!“ Mit diesen Worten packt Natascha den Roller fester, läuft zu Lorenz und gibt ihn dem Jungen zurück.

## Was ist hier passiert?

Das Verhalten von Luis löste in der Fachkraft etwas aus, sie fühlte sich förmlich getriggert. Dies kann man daran erkennen, dass sie unangemessen auf die Situation reagiert, anders, als sie es vermutlich überlegt getan hätte. Durch einen Trigger werden unbewusste Erlebnisse in Zusammenhang mit einem Reiz reaktiviert und blitzschnell reagiert (vgl. Sautter 2005). Fachkraft Natascha ärgert sich darüber (Gefühl), dass Luis dem anderen Jungen den Roller entwendet hat (Auslöser). Sie spürt, wie ihr Herz schneller schlägt (Körperreaktion). Dieser starke Auslöser spornt sie zu dem Handlungsimpuls an; sie geht direkt in den Konflikt und lebt ihren Ärger aus, indem sie im Umkehrschluss Luis den Roller entwendet, um ihr Bedürfnis nach Gerechtigkeit wiederherzustellen.

Dabei geht sie so schnell und unüberlegt vor, dass ihr gar nicht auffällt, wie sie das Verhalten, das sie bei Luis bewusst ablehnt, wiederholt. Sie entreißt Luis den Roller und zeigt damit deutlich, dass sie ihm überlegen ist und ihre Macht einsetzt, um für Gerechtigkeit zu sorgen. Doch sicherlich ist ihr eigentliches Ziel wohlwollend.

### Die Reaktionskette Gefühl

| Auslöser → | Körperreaktion → | Bedürfnis → | Handlungsimpuls → | Ziel |
|---|---|---|---|---|
| Der Junge Luis entwendet Lorenz den Roller | Nataschas Herz schlägt schneller | Gerechtigkeit | Natascha entnimmt Luis den Roller wieder und gibt ihm Lorenz zurück | Die Fachkraft lebt ihre Verärgerung aus |

**Gefühl** → Natascha ärgert sich

Vgl. Wedewardt/Hohmann, 2021: Kinder achtsam und bedürfnisorientiert begleiten

Luis erfährt so von einem Vorbild – seiner Bezugspädagogin –, wie Konflikte und Unstimmigkeiten gelöst werden können, und im Grunde wird seine eigene Handlung damit bestätigt. Das nächste Mal wird er vermutlich noch ein bisschen besser aufpassen, dass er bei seinem Vorgehen nicht von einer Fachkraft „erwischt" wird. Dass Wegnehmen nicht die gewünschte Strategie ist, wird er hingegen nicht verstehen.

## Exkurs: Adultismus – die Macht der Erwachsenen

> Noch immer wird im Alltag oft über ihren Kopf hinweg bestimmt oder entschieden, ohne die Kinder einzubeziehen, sie nach ihrer Meinung zu fragen oder sich in sie und ihre Situation einzufühlen. Oft meinen Fachkräfte, es besser zu wissen, und schränken die Selbstbestimmung jüngerer Menschen ein. Der Adultismus, also die Diskriminierung durch Erwachsene, wird nicht hinterfragt. Die Fachkräfte entscheiden, was ihrer Meinung nach das Beste für das Kind ist (vgl. Winkelmann 2019, S. 36). Das Kind erhält so eingeschränktes Partizipationsrecht. Seine Selbstwirksamkeit wird eingeschränkt, und es erfährt, dass seine Gefühle, Bedürfnisse und Beweggründe wenig Beachtung finden. Dadurch fühlen Kinder sich in ihrer Kompetenz nicht respektiert und weniger wertvoll (vgl. Hohmann 2021, S. 78f.).

Weder Luis noch Lorenz erhielten die Möglichkeit, die Situation zu lösen und ihre Gedanken und Ideen zu formulieren. Durch das schnelle Eingreifen der Fachkraft und das übergriffige Entwenden des Rollers erfährt Luis die Macht seiner Bezugspädagogin. Sein Verhalten – das Wegnehmen des Rollers – wird mit der wiederholten Entwendung durch die Fachkraft bestraft.

Natascha lehnt das Verhalten des Jungen ab und beantwortet es nach dem Motto: „Wie du mir, so ich dir!" Dadurch lernt Luis, dass sich die mächtigere Person durchsetzen kann und mit Macht Konflikte gelöst werden. Kinder schauen sich sehr genau an, wie andere Konflikte angehen und ahmen dieses Verhalten nach. Schwierig nur, wenn Kinder dann hören, dass sie anderen nichts wegnehmen dürfen, sondern immer höflich fragen sollen. Es ist bekannt, dass Teilen und Abwarten einige Jahre Entwicklungszeit benötigt und Kinder durch ein Vorbild am besten erfahren, wie diese Verhaltensweisen gut gelingen können.

## Was könnte Natascha stattdessen tun?

Beobachten pädagogische Fachkräfte einen Konflikt, ist es nicht immer einfach, abzuwägen, ob und wann eingegriffen werden sollte. In jedem Fall müssen Kinder vor Gewalteinwirkungen, gleich welcher Form, geschützt werden. Daher könnte als goldene Regel gelten: Beobachte ich einen Konflikt und befürchte, dass ein Kind in seinen Rechten verletzt wird und für seine Bedürfnisse nicht einstehen kann, begleite ich die Auseinandersetzung wertfrei. Zu diesen Konfliktsituationen zählen unter anderem auch Ausgrenzungen, Beschämungen und jegliche Form von destruktiver Aggression.

Ein Eingreifen in einen Konflikt bedeutet, die Kinder zu sichern, sie zu beruhigen und sich interessiert ihrem Verhalten zuzuwenden. Werden Kinder hingegen für ihre Konfliktlösungsstrategien bestraft, gedemütigt oder anderweitig gewaltvoll zurechtgewiesen, erfahren sie Gewalt und Aggressionen durch die erwachsene Bezugsperson. Gewalt darf nie mit Gewalt beantwortet werden!

Natascha könnte zuerst einmal wahrnehmen, dass sie dazu neigt, vorschnell zu reagieren. Sie könnte ihr Herzklopfen (Körperreaktion) beobachten und mithilfe einer beliebigen Strategie Selbstregulation erfahren. Erst wenn Natascha wieder im entspannten Zustand ist, kann sie sich feinfühlig und achtsam den Kindern und ihrem Konflikt zuwenden. Ist sie in Anspannung, können folgende Strategien helfen, den eigenen Alarm zu deaktivieren:

## Exitstrategien zur Stärkung der Selbstregulation

- Tiefes Ein- und Ausatmen
- Hände und Füße schütteln
- Singen entspannt, da das Nervensystem aktiviert wird
- Zählen ganz allgemein oder auch zum Beispiel runde/eckige Gegenstände im Raum
- Die Faust an- und entspannen, um Energien zu bündeln und loszulassen
- Hände waschen oder auch die Handgelenke unter fließendes, kühles Wasser halten
- In Ruhe etwas trinken

Jede Fachkraft kann herausfinden, was ihr im Moment am besten hilft, um zur Ruhe zu finden und überlegt vorgehen zu können.

### Konflikttypen erkennen und reflektieren

Wie Menschen mit Konflikten umgehen, ob sie einen Konflikt eher meiden oder kämpfen, ist stark von den eigenen Erfahrungen abhängig (vgl. Kelch 2009, S. 10f.). Es gibt den Angriffs-, Verteidigungs-, Flucht-, Erstarrungs- und Ablenkungstyp. In jedem Menschen sind Anteile der verschiedenen Typen vorhanden, die in unterschiedlichen Ausprägungen und Situationen auftreten. Diese Reaktionsweisen zu kennen und zu reflektieren hilft im Konfliktfall, die eigene Reaktion zu analysieren und gegebenenfalls zu verändern (vgl. Mayer 2008, S. 33f.).

Damit Natascha den Konflikt konstruktiv begleiten kann, ist das Bewusstsein über das eigene Konfliktverhalten von großem Vorteil. Vorausgesetzt, Natascha weiß, dass sie in Konflikten eher der Angriffstyp ist, kann sie dies mit ihrer Kollegin Lisa reflektieren. Lisa kann sie darin unterstützen und bestärken, einen Moment innezuhalten und abzuwarten, bevor Natascha vorschnell eingreift. Lisa liegt dagegen Harmonie sehr am Herzen, und so geschieht es ihr, dass sie von Konflikten ablenkt oder davor flieht. Sie hörte sich oft sagen: „Kinder, hört auf zu streiten. Es ist doch nicht so schlimm!“ Lisa muss lernen, Konflikte zu beobachten und als Motor der Entwicklung zu sehen. Der gemeinsame Kollege Juan sagt gerne: „Ein Tag ohne Streit ist wie ein Tag ohne Wachstum!“ Er sieht ein großes Potenzial in Konflikten und weiß, wie wichtig es ist, diese zu leben und an ihnen zu wachsen. Er begleitet die Kinder darin sehr geduldig.

### Konflikte als Lerngelegenheiten

„*Konflikte* bergen ein hohes *Lernpotenzial*, für das einzelne Kind wie auch für die Kindergruppe, und es stellt einen großen Unterschied dar, ob (...) ihre Bezugspersonen Konflikte vorschnell beenden und emotionales Agieren als negativ ansehen oder ob mit Gelassenheit gehandelt wird“ (Weltzien et al. 2016, S. 39). Kinder lernen durch Konflikte *soziale Werte* und *andere Sichtweisen* kennen. Sie üben somit den Perspektivwechsel und lernen, sich kooperativ, hilfsbereit und konstruktiv zu verhalten (vgl. Hohmann 2021, S. 174). Sie spüren ihre Selbstwirksamkeit und zeigen eigene Grenzen auf. Insofern sind Konflikte „Quality time“ in Reinform. In gut begleiteten Konflikten lernen und erfahren Kinder mehr als in allen anderen Situationen des Kita-Alltags.

## Konflikte achtsam begleiten – aber wie?

Natascha zeigte sich eher in einer angreifenden Haltung und beendet den Konflikt unter den Jungen, ohne sie in das Geschehen einbezogen zu haben. Ratsam wäre es, sich dem Konflikt anzunähern und mit den Kindern auf Augenhöhe Kontakt aufzunehmen:

- **Wertfreies Beobachten:** mit dem Ziel zu erkennen, was die Kinder in diesem Moment brauchen. So kann Natascha sich zu Luis und Lorenz beugen und erst einmal hinfühlen und -hören.
- **Co-regulation vor Mediation:** Bevor Natascha mit den Kindern in einen kommunikativen Austausch tritt, sollte sie feststellen, ob die Kinder ansprechbar oder erregt sind. Ist das Stresssystem aktiv, so gilt es zuerst, das Kind zu beruhigen, zu regulieren, bis es seine emotionale Stabilität zurückerlangt hat. Natascha kann die Gefühle spiegeln, sich einfühlen und verbalisieren: „Ich sehe, Lorenz, du bist ganz erschrocken und verunsichert. Nun fährt Luis mit dem Roller davon." Lorenz schaut Natascha an und beginnt zu weinen.
- **Gefühle annehmen:** Statt Lorenz zu sagen „Ist nicht so schlimm, brauchst nicht weinen!" zeigt Natascha, dass sie seine Trauer sieht und versteht. Als sie ihre Arme austreckt, lässt er sich hineinfallen und trösten.
- **Kindzentrierte Mediation:** Hierbei erfährt das Kind eine aktive Rolle in der Konfliktlösung. Es geht darum, den Standpunkt der Kinder anzuhören Gemeinsam mit Luis geht Natascha zu Lorenz und bittet ihn, stehenzubleiben. Sie stellt eine entspannte Situation her, zeigt sich offen und zugewandt. Statt die Situation mit einer machtvollen Strategie zu klären, nimmt sie sich den Kindern zuerst auf der Beziehungsebene an, bestärkt sie, und erst dann widmet sie sich der inhaltlichen Lösung. Die Forschung konnte bestätigen, dass autoritär gelöste Konflikte nicht gelöst sind und sich in der Regel fortsetzen (vgl. Singer & Hännikäinen 2002).

Natascha erspürt den Konflikthintergrund und erfährt, dass Luis den Roller kurz geparkt hatte, da er auf die Toilette musste. Danach wollte er ihn sich nur wieder zurückholen. Gemeinsam besprechen sie die Situation, und die beiden Jungen kommen selbst auf die Lösung: Luis kann noch ein wenig mit dem Roller fahren, dann gibt er ihn Lorenz. Das nächste Mal parkt Luis den Roller in der Nähe von Natascha, damit er sichergehen kann, dass das Gefährt nach der Toilettenpause auf ihn wartet.

## Pädagogischer Werkzeugkoffer:

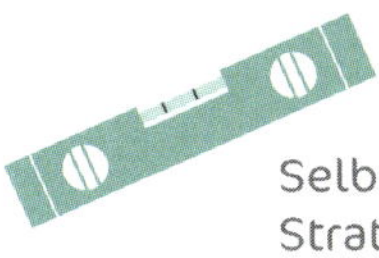

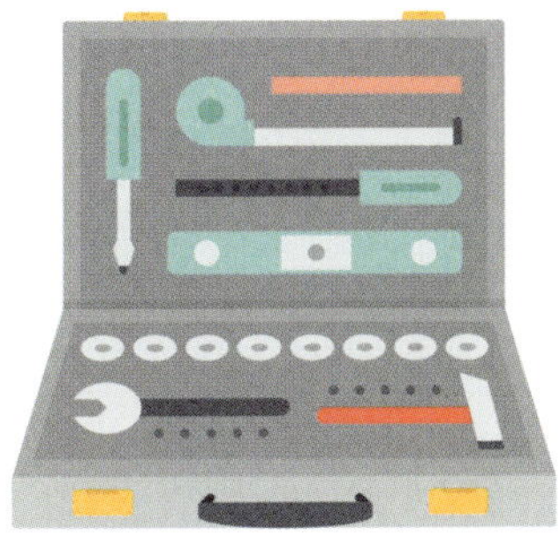

Selbstregulation vor Co-Regulation: Strategien zur Selbstregulation üben

Eigene Konflikttypen erkennen und reflektieren

Strategien zur Konfliktbegleitung

# 3 „Wer haut, muss in die Nachbargruppe!“ Ausschluss und Auszeiten

Geraten Menschen in Überforderungsmomente, wird nicht selten schnell nach dem ersten Impuls gehandelt, um „den Brand rasch zu löschen“. Ein immer noch beliebtes Instrument zur Verhaltensregulation ist die Auszeit, auch als „Stiller Stuhl“ oder „Time-out“ bekannt.

## Das Beispiel

Fachkraft Martin ist heute zur Vertretung in der Gruppe der Entdecker eingeteilt. Er kennt die Kinder noch kaum, da er neu in der Kita ist. Aus der Teamsitzung weiß er, dass ein Mädchen, Nora, andere Kinder haut und beißt, und er möchte sie heute im Auge behalten. Martin ist aufgeregt und angespannt, möchte der Kita-Leitung aber zeigen, dass er der Aufgabe gewachsen ist.

Nach dem Morgenkreis gerät Nora in einen Konflikt und beginnt, Luisa zu schubsen. Martin schlichtet den Konflikt mit den beiden Mädchen und teilt Nora deutlich mit, dass er möchte, dass sie ihre Hände bei sich behält. Nur wenig später hört er Alvaro weinen. Martin hat nicht gesehen, was passiert war, aber als Alvaro ihm sagt, dass Nora ihn an den Haaren gezogen hat, ist das Fass voll. Er läuft zu Nora und sagt: „Ich habe dir gerade gesagt, du sollst deine Hände bei dir behalten. So geht das nicht! Ich bringe dich jetzt zu den Forschern in die Gruppe, und da kannst du über dein Verhalten in Ruhe nachdenken!“

## Was ist hier passiert?

Fachkraft Martin war sichtbar angespannt und etwas überfordert mit der Übernahme der neuen Gruppe. Aus der vorherigen Teamsitzung hatte er bereits gewusst, dass das Verhalten von Nora ihn herausfordern könnte und behielt sie daher im Blick. Man könnte meinen, Martin hat das herausfordernde Verhalten des Mädchens nahezu erwartet und sich bestätigt gefühlt. Zu Beginn gelang es ihm, den Konflikt zwischen ihr und Luisa in Ruhe zu begleiten. Martin hörte zu und teilte Nora mit, welche Regeln ihm wichtig sind. Als es dann zu einem erneuten Konflikt kam, waren Martins Ressourcen aufgebraucht, und er wusste sich nicht anders zu helfen, als Nora wegzuschicken. Es scheint, dass Martin eine Auszeit brauchte und – statt sich diese zu nehmen oder Unterstützung aus dem Team einzufordern – schickte er das Mädchen in die Isolation.

Vermutlich hat Martin die Situation als bedrohlich empfunden und sein Alarmzentrum sprang an. In der Regel ist dies durch eine Anspannung der Muskeln und einen erhöhten Herzschlag spürbar, Cortisol wird freigesetzt. Das Stresssystem reagiert und versetzt den Körper in Alarmbereitschaft. Erkennt die Fachkraft dies nicht und schafft es nicht, sich selbst zu regulieren, kann es zur vorschnellen Handlung kommen. Martin folgte einem Muster, um sich selbst zu schützen.

### Exkurs: Biografische Zugänge entschlüsseln

Jede Situation, die ein Mensch erfährt, ist biografisch geprägt. Situationen werden erlebt und bewertet. Das Nervensystem reagiert unmittelbar darauf und sendet eine körperliche Reaktion, die bewusst oder unbewusst wahrgenommen werden kann. Und je nach Erfahrung nimmt die Fachkraft dann den Streit zwischen Nora und Luisa als bedrohlichen Konflikt oder kindliche Rangelei wahr. „In der Pädagogik begegnen sich nicht nur die pädagogische Fachkraft und das Kind bzw. die Kinder, sondern die Fachkraft dem eigenen Kind in sich“ (Weltzien et al. 2016, S. 39).

Um das eigene Handeln zu professionalisieren, also nicht affektgesteuert vorzugehen, sondern bedacht und unterstützend im Sinne der kindlichen Entwicklung, gilt es, eigene biografische Erfahrungen, Beziehungsmuster zu kennen (vgl. ebd.). Fachkräfte sollten somit aus der eigenen Lebensgeschichte lernen, Stolpersteine bewusst ansehen, um diese nicht unreflektiert weiter zu vererben. Viele der heutigen Fachkräfte haben selbst Gewalterfahrungen erleiden müssen; um diese nicht zu wiederholen, ist die Reflexion der eigenen Geschichte und der damit verbundenen Emotionen unumgänglich. Nur so können diese Stolpersteine in Edelsteine verwandelt werden. Eine Fachkraft darf sich selbst immer wieder fragen:

- Wärst du gerne Kind bei dir in der Gruppe?
- Woran, möchtest du, dass sich das Kind erinnert?
- Möchtest du, dass es aus Angst gehorsam ist, oder lernt, sich altersentsprechend und individuell an die gesellschaftlichen Normen anzupassen?

## Wie geht es Nora?

Als Nora in die andere Gruppe gebracht wird, versetzt sie diese massive Strafe in extremen Stress. Sie wird ausgegrenzt, jegliche Sicherheit wird ihr verwehrt, und sie erhält keinerlei Möglichkeit, an der Situation etwas zu verändern. Ihr **Selbstwertgefühl** wird **gekränkt**, und das Mädchen versteht nicht, ob sie diese Auszeit erleidet, weil sie etwas Falsches gemacht hat oder weil sie falsch ist. Diese Unterscheidung gelingt Kindern erst mit acht bis zehn Jahren, bis dahin fühlen sie sich einfach falsch und schuldig (vgl. Juul o.J.).

Nora erfährt, dass es ihre eigene Schuld ist, wenn sie nun in der Nachtbargruppe sitzt; wenn sie „lieb“ gewesen wäre, wäre ihr das nicht widerfahren. Nora wird sich entweder anpassen und ohnmächtig ergeben oder kraftvoll und laut auf sich aufmerksam machen. In der Regel löst dies Gefühle wie Trauer, Scham, Einsamkeit, Unverständnis aus. Dieser Schmerz brennt sich im **Aggressionsgedächtnis** tief ein und wird unter Umständen zu einem späteren Zeitpunkt wieder aktiviert (Bauer 2013, S. 78).

Das Mädchen befindet sich in einer **Ausnahmesituation** und im **Überlebensmodus**, wobei es gerade in diesem Moment Verständnis, Zugehörigkeit, Sicherheit, Einfühlung, Beziehung und einen Menschen, der sich ihrer annimmt, am meisten bräuchte. Fachkraft Martin hat die Auszeit, die er in Form einer Pause vermutlich gebraucht hätte, auf Nora übertragen. So kann er einen Moment zur Ruhe kommen, während das Kind in der verordneten Auszeit eine nicht abstreitbare Gewalterfahrung macht.

## Was könnte Martin stattdessen tun?

Zunächst wäre es für die Situation von großem Vorteil, wenn die Fachkraft ihre **eigene Grenze und Überforderung** erkennt und deutet. Insbesondere Berufsanfängerinnen und -anfänger erleben eine gewisse Ohnmacht in neuen Situationen; sie sollten aber nie außeracht lassen, dass sie für die Qualität der Beziehung zwischen Erwachsenen und den Kindern die Verantwortung tragen. Was Martin also in jedem Fall tun sollte, ist, die Verantwortung für die Situation zu übernehmen, mit der Frage: Wie kann ich führen, ohne dabei die Integrität des Kindes zu verletzen?

Ist der Fachkraft nach einer Auszeit zumute, so kann sie diese gemeinsam mit dem Kind nehmen (vgl. Kapitel 1.4) und sich dafür einen ruhigen Ort in der Einrichtung suchen. Die Botschaft dabei ist: „Ich glaube, wir brauchen eine Pause, um uns zu beruhigen und gemeinsam zu schauen, was wir am besten tun können!" Eine gemeinsame Auszeit kann auch mit einem kleinen Spaziergang durch den Garten verbunden werden; dabei ist die Haltung der Fachkraft nicht ermahnend, sondern sie interessiert sich für das, was geschehen ist (vgl. Juul, o.J.). Eine Auszeit, die in Beziehung und Kontakt stattfindet, kann durchaus hilfreich für beide Parteien sein. Sie ist frei von Beschämung, Demütigung oder Schuld.

Ist das Stresssystem des Kindes hingegen aktiviert, wird es vermutlich auf Fragen wie „Was ist passiert?" oder „Warum bist du so verärgert?"

nicht reagieren können. Erst, wenn es sich sicher fühlt und beruhigen konnte, sind Gespräche möglich. **Beruhigung** kann Nora erhalten, indem sie die **Präsenz** und **Sicherheit** einer Bezugsperson spürt. Durch dieses Gehaltenwerden, und das muss nicht körperlich geschehen, werden Wohlfühlhormone im Körper freigesetzt, die dabei unterstützen. Voraussetzung ist, dass die Fachkraft selbst möglichst entspannt ist, um das Kind in der Regulation der Gefühle begleiten zu können. An dieser Stelle gilt es, immer sich erst selbst zu regulieren und dann in Co-Regulation mit dem Kind zu treten.

### Emotionen regulieren

**Kinder lernen schrittweise eigene Gefühle zu verstehen, zu entschlüsseln, zu steuern und zu regulieren. Bis ihnen dies weitestgehend gelingt, sind sie auf Begleitung angewiesen: auf Menschen, die die Gefühle und Impulse ernst nehmen, spiegeln und sich einfühlen. Dadurch gelingt es dem Kind, sich emotional zu stabilisieren, vorausgesetzt, es erfährt Sicherheit und Bestärkung.**

„Ruhe steckt an und kann das Chaos verkürzen. (...) Eine gute Strategie ist, Sicherheit und Trost im Augenblick zu spenden und das Geschehene in Worte zu fassen, sobald das Kind dazu bereit ist“ (Helle & Fløgstad 2020, S. 81).

## Verantwortung für die eigenen Grenzen übernehmen

Nora aus unserem Beispiel musste förmlich die Anspannung der Fachkraft Martin „ausbaden“. Bereits bei Übernahme der Gruppe spürte Martin leichte Überforderung, ließ sich aber nichts anmerken. Idealer wäre es, wenn Martin seine Sorge der Leitung gegenüber geäußert hätte, um sich und die Kinder vor solch einer Gefährdung zu schützen.

So könnte er zum Beispiel sagen: „Gerne nehme ich die Aufgabe an und übernehme die Gruppe. Da ich die Kinder und auch die Strukturen kaum kenne, wäre es mir wichtig, dass ich dabei Unterstützung erhalte. An wen aus dem Team kann ich mich wenden, wenn ich Hilfe benötige?" Fachkräfte möchten häufig alles allein bewältigen und sagen sich gerne: „Ich schaff´ das schon!" Auch bei Personalmangel sollte jedoch keine Fachkraft für eine Gruppe allein zuständig sein, damit solch herausfordernde Situationen auf mehrere Schultern verteilt werden können. Sich Unterstützung zu holen und seine eigenen Grenzen zu kommunizieren ist ein Zeichen von Stärke, nicht von Schwäche.

Die Verantwortung, die eigene Überforderung und persönlichen Grenzen zu erkennen und zu kommunizieren, liegt bei der Fachkraft und der Leitung. Kinder dürfen keinesfalls unter dem Stress der Fachkräfte leiden müssen.

Wichtig für jede Fachkraft ist es, die **eigenen Stressfaktoren** zu identifizieren. Sie können unsichtbar wie Luft sein und gleichzeitig stark auf uns wirken. Es gilt, diese Faktoren in einem ersten Schritt zu erkennen, um sie im zweiten Schritt minimieren zu lernen – zuerst bei der Fachkraft selbst und dann bei den Kindern (vgl. Hohmann 2021).

## Mögliche Stressfaktoren erkennen

Der Psychologe Stuart Shanker (2016, S. 100ff.) entwickelte ein weiteres nützliches Werkzeug für die Arbeit mit Kindern: das **Konzept vom Stresszyklus**. Dieses Konzept beinhaltet fünf Domänen, die biologische, emotionale, soziale, prosoziale und die kognitive Domäne. Die Domänen beeinflussen einander und stehen gleichzeitig als eigenes System für sich.

Die **biologische Domäne** umfasst die Balance zwischen dem Energieverbrauch und der Energiereserve, hierzu gehören auch Gefühle, die biochemische Reaktionen auslösen können. Zu den Stressfaktoren zählen unausgewogene Ernährung, Mangel an Schlaf- und Bewegung, Schwierigkeiten der Sensomotorik oder Motorik, Lärm sowie Gerüche, haptische Kontakte etc. Es geht darum, dass Kinder ein ausgewogenes Verhältnis von Ruhe und Energie herstellen können, ohne in Übererregung zu gelangen.

Die **emotionale Domäne** umfasst alle Arten von Gefühlen, die Kinder erst mit der Zeit lernen zu verstehen, nach ihnen zu handeln und sie sprachlich auszudrücken. „Die neuronalen Verbindungen sind so stark, dass Gefühle die Intensität körperlicher Empfindungen (z.B. Schmerzen) beeinflussen und ein Kind empfänglicher oder weniger empfänglich für biologische Stressfaktoren machen können" (Shanker 2016, S. 102). Das Temperament beeinflusst diese Domäne zusätzlich. Zu den Stressfaktoren gehören intensive, herausfordernde oder neue Gefühle, die das Kind in der Selbstregulation stark fordern.

Die **kognitive Domäne** „(...) bezieht sich auf das Denken und Lernen und umfasst geistige Prozesse wie Gedächtnis, Aufmerksamkeit, Informationsverarbeitung, rationales Denken und Problemlösen sowie Selbstwahrnehmung" (ebd.). Ist ein Kind fit in dieser Domäne, so lässt es sich nicht ablenken, kann zielgerichtet handeln und denken. Die kognitiven Stressfaktoren können vielseitig sein, wie etwa eine zu hohe Erwartung an die Konzentrationsdauer, eine verminderte Wahrnehmung von Reizen oder eine Informationsüberforderung. Die Kinder zeigen dann auch öfter Auffälligkeiten in der biologischen und emotionalen Domäne und fallen durch Lernschwierigkeiten, Problemen in der Aufmerksamkeit oder auch durch fehlende Motivation auf.

Die **soziale Domäne** beschreibt die Fähigkeit, das eigene Verhalten im Zusammensein mit anderen Menschen anzupassen und sich gesellschaftlich angepasst zu zeigen. Ein selbstreguliertes Kind erkennt Signale (verbal und nonverbal) und kann diese entschlüsseln und angebracht reagieren. Diese Domäne wird durch „verwirrende oder überfordernde soziale Situationen, zwischenmenschliche Konflikte, aggressive Handlungen (...) sowie fehlendes Verständnis bezüglich der Wirkung der eigenen Handlungen und Äußerungen auf andere Menschen" gestört (ebd., S. 104). Überhöhte Erwartungen an die Kinder bezüglich ihrer sozialen Kompetenzen können diese Domäne zusätzlich stressen. Kinder, die in der **prosozialen Domäne** fit sind, zeigen Eigenschaften wie Mitgefühl, soziale Verantwortung und können die eigenen Wünsche zurückstellen, um den Bedürfnissen anderer Vorrang zu gewähren. Sie sind in der Lage „von einer ich-zentrierten zu einer wir-zentrierten Handlung zu wechseln“ (ebd., S. 105). Bei den Stressfaktoren dieser Domäne geht es neben den eigenen Gefühlen und Bedürfnissen auch stark um die Gruppe, die mit ihren Werten und Konflikten auf das Kind einwirkt. So wird diese Domäne nicht nur von den eigenen Stressfaktoren beeinflusst, sondern auch von denen der Umwelt.

## Stressoren entlarfen:

Vgl. Shanker 2016, S. 110

Ist ein Kind in einer dieser Domänen stark gestresst, kann eine **zusätzliche Stressbelastung zur Überreaktion** führen. Ein Verhalten wird oft durch einen oder mehrere Stressfaktoren ausgelöst. Das Kind beginnt, sich selbst zu verteidigen, zieht sich zurück oder geht im Kampfmodus nach außen, nicht um absichtlich zu schädigen, sondern vielmehr, um sich selbst zu schützen. Der Stresszyklus wird vermehrt bei Kindern ausgelöst, die sich in großer Anspannung oder in minimaler Energie befinden.

Pädagogische Fachkräfte haben die Aufgabe, den Kindern in der Regulation zur Seite zu stehen, sie förmlich zu bremsen. An dieser Stelle ist besondere Achtsamkeit geboten, denn es ist nicht selten, dass das kindliche Verhalten beim Erwachsenen eine Überreaktion auslöst, die wiederum eine Verstärkung der Stressfaktoren des Kindes und der Fachkraft bedeutet. „Statt einen regulierenden Einfluss auszuüben und die Erregung zu dämpfen, verstärkt sie sie, bis die Kommunikation aus purer Erschöpfung in einem Sturm aus Gebrüll, Tränen, Drohungen oder Schuldzuweisungen zusammenbricht“ (ebd., S. 113).

> Fachkräfte müssen lernen, den Stresszyklus zu durchbrechen. Gerade, wenn sie zur Überreaktion neigen, sollten sie auf das Anklopfen der Stressoren besonders achtgeben, um rechtzeitig die Handbremse ziehen zu können.

## Stresszyklen durchbrechen:

STRESSZYKLUS DES KINDES | STRESSZYKLUS DER FACHKRAFT | ACHTUNG VOR ÜBERREAKTION! | SELBSTREGULATION DER FACHKRAFT, UM KIND ZU CO-REGULIEREN

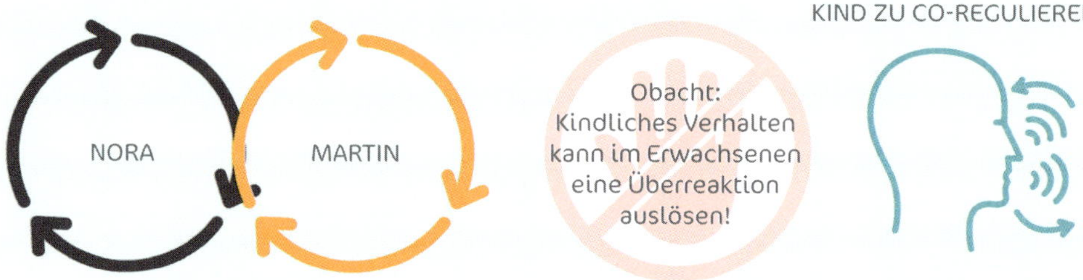


**STRESSDOMÄNEN IM BLICK BEHALTEN:**

Nora ist müde (Biologische) und emotional sehr betroffen (Emotionale) und überfordert mit der Konflikthaften-Spielsituation, die durch die Erwartung der Fachkraft Martin zusätzlich herausgefordert wird (Soziale Domäne)

Fachkraft Martin ist angespannt in der neuen Situation (Emotionale) und zusätzlich stresst ihn der Lärm (Biologische), er braucht Anerkennung und Harmonie und hat Probleme Mitgefühl für Nora zu entwickeln (Prosoziale Domäne)

**STRESSZYKLUS DURCHBRECHEN!**

Das Kind ist auf die Regulation der Fachkraft angewiesen, daher sollte diese die eigenen Stressoren im Blick behalten und für sich sorgen, bevor sie überreagiert!

Überreaktion der Fachkraft erhöht den Stress des Kindes, woraufhin sich das Kind zurückzieht oder verstärkt kämpft, um sich zu schützen!

**EMOTIONALE SICHERHEIT & PRÄSENZ**

Nora braucht emotionale Sicherheit, Präsenz der Fachkraft und erhält dadurch Energie, daher gilt es die Stresszyklen zu durchbrechen und die Fachkraft und das Kind zu regulieren

Und es ist im wahrsten Sinne des Wortes eine Bremse, die es zu betätigen gilt. Der Hippocampus, der im emotionalen Gehirn für die Selbstregulation und Impulskontrolle zuständig ist, wird auch gerne als **Bremse** bezeichnet. Während die Amygdala, die uns Menschen auf Gefahren hinweist, eher das **Gaspedal** darstellt (vgl. Helle & Fløgstad 2020, S. 76ff.). Beide im **ausgewogenen Verhältnis** zu nutzen, **schützt** uns vor **kopflosen Reaktionen**, wie dem Verhängen von Auszeiten und Strafen.

Ein **gestresstes Kind benötigt** keine Argumente oder tiefsinnigen Gespräche. Es ist auf einen Menschen angewiesen, der **emotionale Sicherheit** vermittelt und **Präsenz** ausstrahlt. Dadurch erhält ein Kind Energie und fühlt sich angenommen, wie es ist. Leichter geht dies an einem Ort der Ruhe, in einer gemeinsamen Auszeit in einer stillen Ecke oder im Garten der Kita. Der Stresszyklus kann so durchbrochen werden, und die Selbstregulierung bei der Fachkraft und dem Kind kann beginnen (vgl. Shanker 2016, S. 115).

## Pädagogischer Werkzeugkoffer:

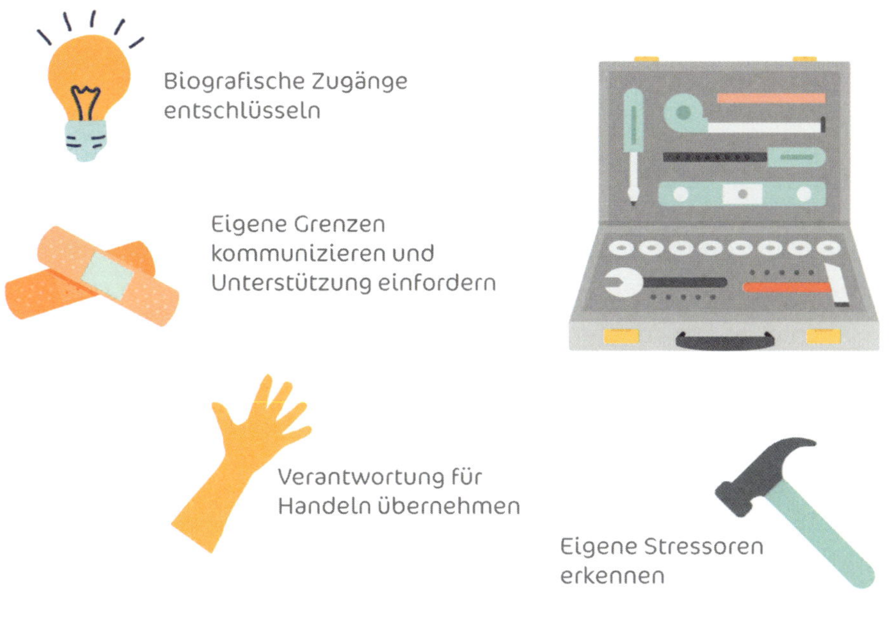

# 4 „Komm mal auf meinen Schoß!“ Körperliche Fixierung

Der Morgenkreis ist ein Ritual am Tag, zu dem meist alle Kinder der Gruppe zusammenkommen und auf Stühlen oder dem Boden eng auf eng sitzen. Sie werden gefordert, zuzuhören und teilzunehmen. Für die Fachkräfte ist es oft ein Balanceakt, alle Kinder im Blick zu behalten und die Bedürfnisse der einzelnen Kinder sowie der Gruppe zu bündeln. Nur was ist, wenn Störungen auftauchen?

## Das Beispiel

Fachkraft Ruth sitzt mit der Kindergruppe im Kreis; sie hat sich für heute etwas ganz Besonderes ausgedacht. Lange hat sie an ihrer Morgenkreiskiste gebastelt und ist selbst ganz gespannt, wie die Kinder darauf reagieren werden. Geheimnisvoll öffnet sie die Kiste und leitet das Herbstthema damit ein. Alle Kinder schauen aufmerksam zu, nur Lino kann sich nicht zurückhalten und greift immer wieder in die Kiste. Ruth bittet ihn mehrfach, sich wie die anderen Kinder hinzusetzen und abzuwarten, aber es will ihm einfach nicht gelingen. Die Fachkraft empfindet sein Verhalten als sehr störend und hat Sorge, die Situation könnte kippen. So greift sie nach seinem Arm und sagt: „Lino, wenn du dich nicht zurückhalten kannst, kommst du auf meinen Schoß, das können dann alle Kinder sehen!“ Sie nimmt den Jungen, setzt ihn auf ihre Beine und umschlingt ihn fest, damit sie den Kreis fortführen kann. Lino schaut angestrengt, sagt aber nichts. Die Praktikantin Miriam beobachtet das Geschehen.

## Was ist hier passiert?

Fachkraft Ruth hatte eine klare Erwartung an diesen Morgenkreis. Sie wünschte sich ein harmonisches Beisammensein und freute sich auf die großen Augen und das Staunen der Kinder über die Morgenkreiskiste. Die Erwartungen erhöhen sich in der Regel, wenn Fachkräfte viel Zeit aufbringen, Angebote vorzubereiten. Der Großteil der Gruppe erfüllt diese Vorstellung auch und zeigt sich interessiert, so wie Ruth es sich wünscht. Nicht erlaubt in diesem Moment ist es, die leuchtende Kiste anzufassen, wobei der Reiz für die Kinder vermutlich immens groß ist. Ein Junge kann sich nicht zurückhalten, und es bricht mehrfach aus ihm heraus, er greift zu. Dieses nicht erwünschte Verhalten möchte Ruth bremsen und fordert Lino mehrmals auf, seine Hände bei sich zu behalten. Als diese Aufforderungen nicht zum Erfolg führen, holt sie ihn körperlich zu sich – sie fixiert ihn auf ihrem Schoß. Damit möchte Ruth den Jungen begrenzen und sein Explorationsverhalten eindämmen.

Die Fachkraft schränkt damit seine Bewegungsfreiheit sowie die freie Entfaltung seiner Interessen ein. Zusätzlich liegt die Vermutung nahe, dass Lino sich beschämt fühlt, nun ungefragt auf dem Schoß der Fachkraft sitzen zu müssen. Er erfährt: „Du kannst dich nicht an meine aufgestellte Regel halten und musst nun mit den Folgen leben!“

Vielleicht löst dieses Beispiel bei einigen Fachkräften wenig Bestürzung aus, da sich die dahinterliegende „gute Absicht“ der Fachkraft leicht rechtfertigen lässt. Wenn dieses Vorkommnis deshalb auch wenig Irritation bei Fachkräften auslösen mag, sind Fixierungen nicht zulässig. In der Praxis dürfen derartige Maßnahmen nur auf der Grundlage einer juristischen Genehmigung vollzogen werden. Kinder körperlich zu begrenzen, auch wenn sie sich dagegen nicht wehren, gilt als freiheitsentziehende Maßnahme (vgl. Maywald 2019, S. 66f.).

Eine Fixierung ist pädagogisch nur zu rechtfertigen, wenn das Kind selbstgefährdendes Verhalten zeigt und die Maßnahme zum Wohl des Kindes oder anderer nötig ist. Die Freiheit des Kindes wird in dieser Situation eingeschränkt.

Ähnlich verhält es sich, wenn Kinder zum Schlafen in Betten oder zum Essen auf Stühlen fixiert werden oder der Teller auf das Lätzchen des Kindes gestellt wird. Womöglich möchten Fachkräfte dem Kind das Essen erleichtern und es durch diese Begrenzung sogar bei der Nahrungsaufnahme unterstützen. Es bleiben aber **freiheitseinschränkende Maßnahmen.** Es gilt hier, andere Wege zu finden, um Kinder in ihrem Lernen und Explorieren zu unterstützen, ohne sie einzuschränken.

## Was könnte Ruth stattdessen tun?

Fachkraft Ruth hat sich mit ihren Erwartungen selbst stark unter Druck gesetzt. Ihre klare Vorstellung vom Morgenkreis hinderte sie daran, sich offen auf die Situation einzulassen und das situative Verhalten aufzugreifen. Kinder können von vorbereiteten Angeboten und Aktivitäten durchaus profitieren, wenn diese an die individuelle Situation und die Bedürfnisse der Kinder angepasst sind. Die **eigene Erwartung** zu **erkennen** und der **Situation anzupassen** wäre für Ruth also ein erster wichtiger Schritt.

Allein ein Satz wie „Lino, den anderen Kindern gelingt es doch auch, in Ruhe dem Kreis zu folgen" ist beschämend, ausgrenzend und demütigend für ein Kind. Stattdessen könnte die Fachkraft aufmerksam feststellen, dass der Junge großes Interesse und eine intensive Neugierde mitbringt. Altersentsprechend kann sie ihn natürlich auffordern, seinen großen Explorationsdrang etwas zurückzustellen, oder ihn in das Geschehen einbeziehen, um sein Bedürfnis zu stillen.

So könnte sie sagen: „Lino, ich sehe du bist ganz neugierig und möchtest die Kiste am liebsten gleich ganz ausgiebig erkunden. Ich bitte dich zu warten und erst mit den Augen zu schauen!" Mit diesen Worten greift Ruth anerkennend auf, was sie beobachtet, und bestenfalls fühlt der Junge sich gesehen und verstanden und übt sich in Zurückhaltung. Gelingt es ihm nicht, so liegt dies nicht daran, dass er den Kreis stören möchte, sondern vielmehr daran, dass er sein Bedürfnis in diesem Moment (noch) nicht zurückstellen kann.

Insbesondere jüngere Kinder wollen die Welt haptisch „begreifen" und können es kaum aushalten, zu warten. In diesem Fall sollte ein gelungener Morgenkreis oder ein Angebot den benötigten Erfahrungsspielraum zur Verfügung stellen und Kinder ihren Explorationsdrang ausleben lassen: „Lino, möchtest du mal fühlen, wie sich die Kastanie anfühlt? Nimm sie dir gerne und gib sie dann bitte an Ada weiter."

Es ist in der Tat immer wieder ein großer Balanceakt für Fachkräfte, die Bedürfnisse der Kindergruppe zu bündeln. In einem Morgenkreis werden die Kinder unter Umständen gefordert, ihre eigenen Bedürfnisse im Sinne der Gemeinschaft zurückzustellen, also zu kooperieren, wenn sie zum Beispiel gerade ruhig sitzen sollen, obwohl sie einen großen Bewegungsdrang verspüren. Kinder **kooperieren**, solange sie ihre eigene **Integrität** nicht als gefährdet erleben, ihre eigenen Grenzen und Bedürfnisse nicht übermäßig zurückstellen oder aufgeben müssen. Sieht die Fachkraft zum Beispiel, dass Lino so gerne die Kastanien aus der Kiste greifen möchte, um sie zu fühlen, und erkennt Ruth an, dass er diesen Impuls unterdrückt, kann dies in dem Jungen das Bedürfnis nach Anerkennung, Verständnis oder auch Kontakt befriedigen. Auf diese Weise wird ihm ermöglicht, das ursprüngliche Bedürfnis noch einen Moment im Sinne der Kooperation aufzuschieben.

## Exkurs: Strafendes Verhalten minimieren

In der Studie „Verletzendes Verhalten in Kitas" von Astrid Boll und Regina Remsperger-Kehm (2021) wurden 61 Studierende mithilfe von leitfadengestützten Interviews befragt. Die kleine Studie belegt, dass Mikrogewalt beginnt, sobald Fachkräfte untätig dem verletzenden Verhalten von Kollegen und Kolleginnen zusehen und es ignorieren. Nahmen die Berufsanfänger und Berufsanfängerinnen verletzende Verhaltensweisen im Team wahr, erlebten 30 Prozent eine Art Schock und fühlten Fassungs- oder Sprachlosigkeit. Nach dem ersten Schock beschrieben die Befragten ein Gefühl der Hilflosigkeit sowie Ohnmacht und Angst vor Ausgrenzung oder auch Machtlosigkeit, an der Situation nichts verändern zu können. Die Angst, andere Fachkräfte zu kritisieren, verbunden mit der Angst, dass diese die Kritik persönlich nehmen könnten, bleibt präsent. Einige Fachkräfte möchten die Harmonie im Team nicht stören und durch die Kritik ihre Zukunft nicht gefährden (Boll & Remsperger-Kehm 2021, S. 52ff.).

Um bestrafendes Verhalten zu erkennen und minimieren zu können, sei an dieser Stelle an das Kinderschutzkonzept (siehe Seite 28) erinnert, das in jeder pädagogischen Einrichtung vorliegen sollte. Darin wird klar formuliert, wo sogenanntes strafendes Verhalten beginnt. Ist die Abgrenzung schriftlich fixiert und im Team besprochen, so fällt es leichter, Bestrafungen anzusprechen. Die „Wahrnehmungsschwelle" (Maywald 2019, S. 129) wird dadurch deutlicher; die Fachkräfte werden sensibilisiert, das eigene Verhalten wie auch das der Kollegen und Kolleginnen zu beobachten und im Sinne des Kindeswohls Fehlverhalten oder auch „Kunstfehler" zu enttabuisieren. Es soll nicht darum gehen, einander Fehler zuzuschieben und mit dem erhobenen Zeigefinger vorzugehen, sondern miteinander eine **Fehlerkultur zu entwickeln**, in der konstruktive Kritik geteilt wird, damit jeder und jede ohne Angst oder Ohnmachtsgefühle handlungsfähig wird und die in der Studie beschriebene Schockstarre überwunden werden kann.

Die Verantwortung für die Einführung und Erstellung eines Kinderschutzkonzepts liegt in erster Linie beim Träger und der pädagogischen Leitung einer Einrichtung. Das Konzept wird präventiv erstellt und dient im Ernstfall als sicheres Instrument (vgl. Maywald 2019).

## Der sichere Ort

Jede pädagogische Einrichtung muss ein *sicherer Ort sein*, an dem Kinder *gewaltfrei wachsen* und *sichere Bindungserfahrungen* machen können. Das bedeutet, dass sie nie befürchten müssen, gedemütigt, ignoriert, ausgegrenzt oder angeschrien zu werden. Fehler sind nicht auszuschließen, aber es darf erwartet werden, dass jede Fachkraft ihr eigenes *Verhalten reflektiert* und dafür die *Verantwortung* und unter Umständen auch die juristischen Konsequenzen *trägt*. Wird ein übergriffiges Verhalten durch andere Fachkräfte wahrgenommen, benötigen Kinder die Gewissheit, dass diese sie vor Grenzverletzungen schützen. Die *emotionale Sicherheit* der Kinder hat oberste Priorität und darf niemals über die „kollegiale Loyalität" gestellt werden (Scherwath 2021b, S. 110).

### Beobachtungen ansprechen

Als die Praktikantin nach dem Morgenkreis mit ihrer Anleiterin Ruth im Garten steht, sagt Miriam mit leiser und gleichzeitig entschlossener Stimme: „Ruth, darf ich mit dir eine Beobachtung teilen?" Mit der Frage leitet sie das Gespräch ein und gibt Ruth die Möglichkeit, zuzustimmen oder die Unterhaltung auf einen späteren Zeitpunkt zu vertagen. Als Ruth wohlwollend und neugierig zustimmt, fährt Miriam fort: „Vorhin im Kreis waren die meisten Kinder ganz neugierig auf die neue Kiste. Lino wollte sie so gerne direkt anfassen. Ich vermute, dich störte sein quirliges Verhalten." Ruth nickt. „Als du ihn dann aber auf deinem Schoß festgehalten hast, sah er sehr erschrocken aus und fühlte sich sichtlich unwohl. In der Schule wurde uns mitgeteilt, dass solch ein Festhalten als Fixierung gilt und wir kein Kind ohne Grund körperlich festhalten dürfen."

Ruth atmet tief durch und schaut Miriam verlegen an. Sie denkt kurz über das Gesagte nach und bedankt sich für die Beobachtung. Ruth sichert Miriam zu, dass sie diese Situation im Team besprechen und über den Vorfall reflektieren wird. Dann sagt sie mit einem Lächeln: „Gut, dass ihr Lernenden eure Beobachtungen so offen teilt; so können wir alle miteinander lernen und ich meine blinden Flecken erkennen. Ich danke dir sehr!“

Ruth hatte die Möglichkeit, in den Verteidigungsmodus zu gehen und ihre machtvollere Rolle als Anleiterin auszuspielen oder, so wie sie es getan hat, genau zuzuhören und im Sinne der Kinder und der eigenen Reflexion die kritische Beobachtung anzunehmen. Sie lebt damit sehr klar vor, wie sie mit Kritik umgeht und dass auch sie als ausgebildete Fachkraft nicht frei davon ist, Fehler zu machen. Gleichzeitig zeigt sie der Berufsanfängerin Miriam, wie sie ihr Verhalten reflektieren wird: im Team. Es geht darum, die Gründe und zugrundeliegenden Ursachen für das Verhalten zu ergründen und nach anderen Lösungsmöglichkeiten zu suchen. So gibt Ruth sich und auch den anderen Fachkräften die Möglichkeit, zu lernen. Sich seine Fehler einzugestehen ist eine enorme Stärke.

## Pädagogischer Werkzeugkoffer:

# 5 „Jetzt ist aber Ruhe im Karton!“ Wenn Fachkräfte laut werden

Um sich Gehör zu verschaffen und in der Kindergruppe Anklang zu finden, heben einige Fachkräfte regelmäßig ihre Stimme. Kinder reagieren auf dieses Signal und werden kurzzeitig leiser. Der Lärm der Kinderstimmen wird von dem Lärm der Fachkraft unterbrochen. Dieser weitere Lärm und der durch die Fachkraft ausgelöste Stressor können die Kinder jedoch zusätzlich überfordern. Während Schreien bei einigen Fachkräften die absolute Ausnahme ist, gibt es auch manche, die die Kinder aus Überzeugung anschreien und so zurechtweisen. Es handelt sich nicht um eine einmalige Reaktion, sondern vielmehr um wiederkehrende Reaktionen aus Wut und Verärgerung; die Fachkraft nimmt an, auf diese Weise für Erziehung zu sorgen.

## Das Beispiel

Fachkraft Oliver arbeitet seit vielen Jahren in der Kita und ist sehr angesehen bei den Eltern. Sie schätzen seine klare und strenge Art. Geht ihm etwas auf die Nerven, sagt er es deutlich. Das bedeutet auch, dass er Kinder, die ihm zu laut oder zu wild spielen, regelmäßig anschreit und so zur Ruhe bringt. Gerade als Elsa in der Puppenecke vor Freude quiekt und ein lautes „Zum Geburtstag viel Glück …“ für ihre Puppen anstimmt, schreit Oliver sie an: „Elsa, nun Ruhe im Karton, du bist nicht allein hier im Raum! Geh an den Tisch und nimm dir ein Puzzle.“ Verängstigt zuckt Elsa zusammen und sagt keinen Pieps mehr. Anderen Fachkräften fällt das übergriffige Verhalten auch auf, bisherige Versuche mit Oliver darüber zu sprechen sind jedoch gescheitert. Oliver meint, Kinder brauchen diese Form der Ansprache, da sie sonst tun, was sie wollen.

## Was ist hier passiert?

Fachkraft Oliver selbst folgt einem autoritären Erziehungsstil und ist davon überzeugt, dass Kinder diese Strenge benötigen, um zu wissen, wo der „Hase im Pfeffer liegt", wie er zu sagen pflegt. In der Erziehungswissenschaft wird häufig darüber diskutiert, ob es besser sei, „streng oder nachsichtig-tolerant" zu sein (vgl. Gordon 2014, S. 34).

### Die Führung

Bei dem **autoritären Führungsstil** liegt die Kontrolle hauptsächlich beim Erwachsenen, während bei der **toleranten Führung** die Kinder die Regeln setzen, was die Gefahr birgt, dass es in den Gruppen struktur- und grenzenlos zugehen kann. Da niemand ein chaotisches Miteinander wünscht und es einigen Fachkräften, vermutlich aufgrund mangelnder Vorbilder, an Alternativen fehlt, wählen sie Strenge und Härte. Fachkräfte greifen auf diese Form auch eher zurück, wenn sie diese Verhaltensweise selbst in ihrer Kindheit erlebt und nicht reflektiert haben.

Oliver wendet eine **auf Macht beruhende Autorität** an, er gibt den Ton an und kontrolliert die Kinder. Er gibt ganz klar vor, wie sich diese zu verhalten haben. Oliver bricht durch seine beängstigende und einschüchternde Art den Willen der Kinder. Vermeintlich erhält er damit Respekt, was bei den Eltern auf den ersten Blick gut anzukommen scheint. Es lässt ihn als geschätzten Pädagogen wirken, da die Eltern nicht erleben, wie er sich diesen Respekt verschafft.

> Kinder benötigen eine zugewandte Führung, durch die sie individuell begleitet werden und die den Mangel an kindlichen Erfahrungen ausgleicht. Der Erwachsene übernimmt die Verantwortung für sein Handeln und weist den Kindern mit Blick auf die Grenzen, Bedürfnisse und Gefühle wohlwollend den Weg.

Kinder sind in der Lage, Autoritäten zu respektieren, insbesondere, wenn sie deren Erfahrungen und Positionen schätzen. So himmeln sie oft Berufsgruppen wie Polizisten und Polizistinnen, Ärzte und Ärztinnen regelrecht an. Sie folgen in der Regel, ohne darüber nachzudenken, wenn die Stewardess im Flugzeug darum bittet, dass sich das Kind anschnallt.

Kinder suchen gerne den Rat von geschätzten Erwachsenen, sind neugierig, wie diese in bestimmten Situationen handeln würden, und orientieren sich an ihnen (vgl. Gordon 2014, S. 36ff.). Machtvolle Autoritäten werden von Kindern dagegen nicht respektiert und geschätzt, sie werden vielmehr gefürchtet, und die Kinder gehorchen nur solange sie sich unterlegen fühlen. Geben Fachkräfte Kindern wie ein **Leuchtturm** Lichtzeichen und weisen ihnen den Weg aufgrund ihrer Werte, Grenzen und Erfahrungen, werden die Kinder aufmerksam zuhören. Die machtvolle Autorität hingegen schadet der Fachkraft-Kind-Beziehung, und das Kind wird nicht aus Wohlwollen lernen, sondern sich aus Angst fügen.

## Die Macht der Fachkräfte auf vier Ebenen

Es gibt im Kita-Alltag einige Momente, in denen die Macht der Fachkräfte von den Kindern akzeptiert wird. Die Macht der Fachkräfte lässt sich in vier Ebenen unterteilen.

**Handlungs- und Gestaltungsmacht:**
Gestaltung des Rahmens, der Strukturen, Abläufe, Entscheidung über Themen, Projekte und genutzte Materialien

**Verfügungsmacht:**
Macht über die (finanziellen) Ressourcen und Zugänge sowie Entscheidungsmacht über Materialien (wann, wo und von wem diese genutzt werden)

**Definitions- und Deutungsmacht:**
Fachkräfte entscheiden darüber, was richtig und was falsch ist, und über Regeln entsprechend ihres Wissens und ihrer Erfahrungen

**Mobilisierungsmacht:**
ermöglicht Fachkräften, Kinder mit Argumenten zu überzeugen, Dinge zu tun

(vgl. Hansen, Knauer & Sturzenhecker 2011, S. 28f.; Winkelmann 2019 S. 28f.)

„Hier wird schnell deutlich: Legitimierte Machtausübung (...) kann in der Praxis auch schnell in Gewalt münden. Wenn das Kind den Wunsch der Bezugspersonen oder pädagogischen Fachkraft nicht erfüllt, sondern sich widersetzt, hat die erwachsene Person gute Möglichkeiten, ihr Anliegen auch ohne die Akzeptanz der jüngeren Menschen durchzusetzen" (Winkelmann 2019 S. 29).

Die von den Fachkräften genutzten Strategien können je nach eigener Prägung von einer Person als okay und angemessen und von der anderen als Gewalt definiert werden. Daher ist es unumgänglich, sich im Team über akzeptiertes und übergriffiges Verhalten auszutauschen und das Ergebnis schriftlich festzuhalten.

Fachkraft Oliver legt fest, in welcher Lautstärke die Kinder spielen dürfen und unterbricht Elsa durch sein Anschreien im Spiel. Aber damit noch nicht genug: Er gibt ihr auch eine klare Anweisung, was sie als nächstes zu tun hat, ohne Elsa dabei einzubeziehen. So wechselt das Mädchen vom Rollenspiel zum Geduldsspiel. Elsa fühlt sich **machtlos** und **unterlegen** und steht zudem im Autonomie-Abhängigkeitskonflikt: Sie ist auf die Beziehung zur Bezugsperson Oliver angewiesen und gleichzeitig strebt sie nach Autonomie und möchte ihre Selbstwirksamkeit spüren. Kann Elsa ihr Bedürfnis nicht im Kita-Alltag ausleben, so wird sie vermutlich andere Momente am Tag suchen, in denen ihr Selbst wirksam wird.

## Der Schlüssel der Selbstreflexion

In diesem Beispiel fällt auf, dass Oliver über keine eigene Bewusstheit für sein schädigendes Handeln verfügt. Andere Fachkräfte haben ihn bereits darauf angesprochen, woraufhin er sein Verhalten verteidigt und begründet. Wäre ihm seine übergriffige Erziehungsform bewusst und würde ein einmaliges Vorkommnis aufgrund eigener Überforderung darstellen, wäre mit einer anderen Reaktion zu rechnen. Es lässt vermuten, dass Oliver seine eigenen **Stressoren wie Lärmempfindlichkeit** nicht ausreichend reflektiert und mit seinem Schreien nach einem ihm **bekannten Muster** handelt. Lösen Kinder in ihm durch ihr wildes, lautes Sein etwas aus, nutzt er seine **Macht** und sorgt durch verbale und seelische Gewalt für Ruhe und verhängt **Strafen**.

Seine Energie und den **empfundenen Schmerz** richtet er nach außen, statt selbst in seinem Inneren zu fühlen, was er braucht und entsprechend verantwortungsvoll zu handeln. Die reflexartige Reaktion von Oliver lässt darauf schließen, dass durch das kindliche Verhalten alte **Verletzungen aus seiner Vergangenheit** wie eine Wunde zu schmerzen beginnen, wenn diese gereizt wird. Die Auslöser scheinen oft viel kleiner als der dahinterliegende Schmerz. Seine Gedanken und Gefühle verstärken diesen Schmerz zusätzlich. Vielleicht durfte Oliver in seiner Kindheit selbst nie ausgelassen und frei spielen und hörte immer wieder Sätze wie: „Ruhe im Karton, sonst ...“ „Wenn Erwachsene reden, hast du Sendepause!“ Unreflektiert bleiben diese Sätze tief eingebrannt und hinterlassen Spuren. Bei einer so aufbrausenden und aggressiven Reaktion, wie sie Oliver zeigt, sollte der Blick eher nach innen gerichtet werden als im Außen nach Heilung zu suchen. Nicht selten ist hier eine Begleitung in Form von Supervision, Coaching oder Therapie ratsam (Hohmann 2021, S. 89ff.).

## Aggression führt zu Aggression

Oliver beantwortet das kindliche Verhalten mit Aggressionen und lebt den Kindern so vor: Wer stärker und mächtiger ist, darf das. Eine Gefahr neben der emotionalen Schädigung der Kinder besteht darin, dass sie sich Olivers Verhalten zum Vorbild nehmen und in anderen Situationen nachahmen. Er ist ein schlechtes Vorbild, und die Vermutung liegt nahe, dass die Kinder auch seelische oder körperliche Gewalt anwenden – wenn nicht jetzt, dann vielleicht erst in vielen Jahren. Aggression erzeugt immer Aggression und brennt sich im Schmerzgedächtnis ein.

## Was könnte Oliver stattdesssen tun?

Auch wenn Oliver nicht auf feinfühlige und achtsame Vorbilder aus seiner Kindheit zurückgreifen kann, so liegt es in seiner Verantwortung und seinem Erziehungsauftrag, Kindern ein gewaltfreies Aufwachsen zu ermöglichen.

In unserem Beispiel ist es unumgänglich, dass die anderen Fachkräfte bzw. die Leitung und der Träger ein verbindliches Gespräch führen, in dem Oliver auf sein problematisches Verhalten hingewiesen wird. Die weitere Entwicklung hängt von der Bereitschaft der Fachkraft ab, das Verhalten zu ändern; Einsicht und Verantwortungsübernahme markieren hier den ersten Schritt. Nach Jörg Maywald (2019), der seit etlichen Jahren im Kinderschutz tätig ist, sind folgende Maßnahmen denkbar:

- Professionelle Unterstützung für die Fachkraft, zum Beispiel durch Fortbildungen,
- Arbeitsfreistellung der Fachkraft vom Kinderdienst oder auch
- Abmahnung.

Mündet das Gespräch in Abwehrhaltung, so ist es empfehlenswert, mit Mediation, Supervision oder durch eine Fachberatungsstelle zu unterstützen. Bei Härtefällen sollte die Kita-Aufsicht hinzugezogen werden. Dabei dürfen die Kinder nicht vergessen werden: Sie haben unter der Situation gelitten, und es sollte besprochen werden, wie sie gestärkt werden können.

## Oliver möchte etwas verändern

Gehen wir davon aus, dass Oliver nach dem Gespräch einsichtig ist und die Verantwortung für sein Verhalten annimmt, so kann ihm zu **Fortbildungen** und gegebenenfalls einer **therapeutischen Begleitung** geraten werden. Kein Mensch ist seinen Erfahrungen völlig ausgeliefert, auch im Erwachsenenalter können wir lernen, mit intensiven Gefühlen und Triggern umzugehen. Mithilfe von Reflexion und Selbsterkenntnis sind wir in der Lage, alte Muster zu durchbrechen und neue Wege zu gehen, auch wenn diese Veränderung Zeit in Anspruch nehmen wird.

Oliver sollte sich mit seinen **Gefühlen, Grenzen und Bedürfnissen** fundiert auseinandersetzen und lernen, diese angemessen zu kommunizieren. Seine **Strategien zur Bedürfniserfüllung** („Ich brauche Ruhe und schreie!" „Ich brauche Anerkennung und übe Macht aus und verhänge Strafen!") sind nicht zielführend, auch wenn sie ihm vermutlich lange Zeit nützlich waren.

Oliver könnte zu Elsa sagen: „Elsa, mir ist es zu laut, ich brauche Ruhe. Kannst du bitte leiser singen?" Damit zeigt er sich als Person und den Kindern seine **persönliche Grenze**, ohne machtvoll autoritär vorzugehen. Elsa wird sich für ihn und seine Belange interessieren – insbesondere, wenn sie zu Oliver eine Beziehung aufbauen konnte, die nicht auf Angst basiert. Vermutlich muss er Elsa noch ein paar Mal erinnern oder Alternativen mit ihr überlegen. Macht Elsa nicht, was er erwartet, sollte Oliver üben, in sich zu horchen und bei aufsteigender Wut zu reflektieren, woher diese kommt. Lernt Oliver seine Bedürfnisse kennen und weiß, wie er diese benennen kann, so erhöht sich die Wahrscheinlichkeit, von den Kindern und den anderen Fachkräften verstanden zu werden.

Manche Fachkräfte reagieren verärgert, weil sie

- sich Respekt und Anerkennung wünschen,
- sich nicht gehört fühlen,
- als Kind selbst bedingungslos gehorchen mussten,
- meinen, Kinder handeln absichtlich,
- eine Provokation fürchten.

Für die Erfüllung seiner Bedürfnisse wie Anerkennung, Wertschätzung oder auch einer Pause ist Oliver selbst verantwortlich, nicht die Kinder und schon gar nicht die kleine Elsa.

Durch die **Vertiefung seines entwicklungspsychologischen Wissens** und **Einfühlungsvermögens** wird es Oliver zudem leichter fallen, Kinder in ihrem Sein und Spiel zu verstehen. Elsa singt nicht laut, um ihn zu provozieren. Oliver darf lernen, hinter das kindliche Verhalten zu blicken, insbesondere, wenn es ihn im ersten Moment stört oder gar verunsichert. Kinder handeln aus einem bestimmten Grund, auch wenn dieser sich für uns Erwachsene nicht immer erschließt – nicht aber in der Absicht, uns zu schaden.

## Die Macht der Gedanken mindern und die eigene Haltung hinterfragen

Tauchen in Oliver **Gedanken** wie „Ich muss etwas tun, sonst tanzt sie mir auf der Nase rum" auf, so darf er üben, innezuhalten und auf eine imaginäre Stopptaste zu drücken. Gelingt es ihm, diese Gedanken zu sehen, so wird er feststellen, dass sie voller Bewertungen stecken, und versuchen, ihnen so wenig Kraft wie möglich zu schenken, um sie nicht sein Handeln bestimmen zu lassen. In der Regel handelt es sich um Sätze aus der eigenen Kindheit, die es genau zu prüfen gilt:

- Ist dieser Gedanke für heute noch relevant?
- Dient der Gedanke mir oder hindert er mich?
- Kann ich diesen Gedanken verändern oder gar loslassen?
- Möchte ich mit diesem Gedanken Kinder begleiten, passt das zu mir?

Mit diesen Fragen kann sich Oliver auch ganz gezielt mit seiner **eigenen Haltung** auseinandersetzen:

- Welche Fachkraft möchte ich sein?
- Wäre ich gerne Kind in meiner Gruppe?
- Würde ich mich selbst unter meiner Führung wohlfühlen?

- Woran sollen sich die Kinder in zehn Jahren erinnern, wenn sie an mich denken?

Und ganz praktisch kann Oliver natürlich nach neuen **Ritualen** suchen, die sein Lautwerden ersetzen. Um die Kinder zu beruhigen, kann er

- ein Lied singen, wodurch auch sein Stresspegel sinkt,
- ein verabredetes akustisches Geräusch einführen, das die Kinder um Ruhe bittet,
- dem Kind durch seine Präsenz, zugewandten Blickkontakt und gegebenenfalls eine sanfte Berührung an der Schulter mitteilen: „Bitte sprich leiser",
- Alternativen schaffen, damit Kinder Orte und Zeiten finden, ausgelassen und uneingeschränkt zu spielen.

## Pädagogischer Werkzeugkoffer:

# 6 „Du kommst jetzt auf Rot!“ Verhaltensampel und Ermahnungssysteme

Für ein friedvolles Miteinander in der pädagogischen Einrichtung werden gerne zur Einhaltung von Regeln und Vereinbarungen Ermahnungssysteme eingesetzt. Dadurch soll den Kindern verdeutlicht werden, welches Verhalten als erwünscht und welches als unerwünscht eingestuft wird. Angepasstes Verhalten wird dann belohnt und auffälliges Verhalten sanktioniert. Die kurzfristige Verhaltensregulierung lässt dieses Instrument erfolgreich wirken, die langfristigen Folgen auf der Beziehungsebene zwischen der Fachkraft und dem Kind sowie für das Selbstbild des Kindes sind jedoch verheerend.

## Das Beispiel

Mateo sitzt in der Vorschule am Tisch und versucht, sich auf eine Schreibübung zu konzentrieren. Nach wenigen Minuten hält er es nicht mehr aus, steht auf und läuft durch den Raum zum Papierkorb. Auf dem Weg haut er im Vorbeigehen Ida auf den Kopf. Seine Vorschullehrerin Grit sieht das und ermahnt ihn. Sie verweist auf die Ampel an der Tafel. Wenn er noch einmal auffällt, dann setzt sie sein Foto von Gelb auf Rot. Auf dem Rückweg zu seinem Platz wiederholt Mateo die Kopfnuss bei Oskar. Grit gereift ein: „Jetzt reicht´s! Nun bist du wieder auf Rot, wie gestern! Du kennst unsere Regeln. Schau noch mal auf das Plakat, und dann setz dich bitte wieder an deinen Platz!“

# Was ist hier passiert?

## Was macht das mit Mateo?

Mateo hatte es schwer, in Ruhe zu bleiben und sich zu konzentrieren. Die zu bewältigende Aufgabe entsprach nicht seiner Verfassung und in ihm meldete sich ein anderes **Bedürfnis.** Er brauchte Bewegung statt eine feinmotorische Schreibübung. Mateo fühlte sich sichtlich gestresst, so wurde unter anderem sein kognitiver **Stressor** aktiviert. Fachkraft Grit setzte eine zu hohe Erwartung an die Konzentrationsdauer des Jungen (siehe Kapitel 3). Zudem überschätzt sie Mateo in seinen sprachlich-kognitiven Fähigkeiten, denn bei Sätzen wie „Nicht hauen!" hört dieser nur das **Schlüsselwort** „hauen", aber nicht die Aufforderung, das Verhalten zu unterlassen.

Der Junge ist mit den Anweisungen und Aufgaben schlichtweg überfordert und handelt seinen Bedürfnissen und inneren Impulsen entsprechend. Die Zurechtweisung der Fachkraft holt ihn emotional nicht ab, daher empfindet er sie als ungerecht. Er fühlt sich mit seinen Bedürfnissen nicht gesehen und so **entlädt** er seine **Frustration** und **Anspannung** auf dem Rückweg erneut und haut das nächste Kind.

Als Strafe setzt Grit sein Bild sichtbar für alle Kinder auf Rot. So sehen alle Gruppenmitglieder und andere Fachkräfte, wem es nicht gelingt, sich an die Regeln zu halten. Diese Einschätzung wird öffentlich sichtbar und ist damit auch aus **datenschutzrechtlicher Sicht** sehr fragwürdig. Durch diese Sanktion fühlt sich Mateo zusätzlich **beschämt** und **gedemütigt**, versteht aber nicht, wie er anders handeln könnte. Er entwickelt Angst vor der Strafe und das Gefühl, dass er nicht gemocht wird. Sein Selbst- und Fremdbild wird gestört, und unter Umständen fühlt er durch diese Ungerechtigkeit einen **seelischen Schmerz**, der sich, wie wir wissen, fest im Gehirn einbrennt (Hohmann 2020c). Auch wenn es den Anschein erweckt, dass diese Sanktion hilft, da sich Mateo nun leise hinsetzt, ist nicht mit einer langfristigen Verhaltensänderung zu rechnen.

## Wieso nutzt Grit dieses System?

In erster Linie scheint es Grit darum zu gehen, Verhalten, welches sich gegen die Regeln richtet, zu ermahnen, ohne der Ursache auf den Grund zu gehen. Es ist auch fraglich, ob die Fachkraft prüft, ob eventuell „didaktische Fehler, schlechte Unterrichtsvorbereitung, Baulärm oder zu niedriger Sauerstoffgehalt im Raum" (Hehn-Oldiges & Ostermann 2020, S. 3) das Verhalten beeinflussen.

Das gesamte Team der Einrichtung hat sich dazu entschlossen, die Verhaltensampel als Ermahnungssystem einheitlich einzusetzen, da eine Fachkraft von der Wirksamkeit schwärmte. So kommt auch Grit dem Auftrag nach und schätzt das Verhalten der Kinder entsprechend ein. Die Fachkräfte möchten damit sicherstellen, dass die Regeln gleichermaßen von allen Erwachsenen und Kindern eingehalten werden. Plakate in den Gruppen verdeutlichen die Regeln und zeigen ebenso an, was bei einem Verstoß droht. Damit richtet sich der **Fokus** stark auf **Regelverletzungen** und weniger auf den Sinn der Regel (vgl. Hehn-Oldiges & Ostermann 2020, S. 4). Grit demonstriert den Kindern gegenüber deutlich, wie die **Machtverhältnisse** verteilt sind, denn sie entscheidet, welches Verhalten unangebracht ist und sanktioniert es unverzüglich.

Darüber hinaus sind auch die Kinder dazu angehalten, mit zu beobachten und Fehlverhalten zu melden. Dies hat zur Folge, dass die **Beziehung unter den Kindern** und auch zwischen Grit und ihren Schützlingen stark gefährdet wird. Die Kinder werden förmlich dazu aufgefordert, andere Kinder zu melden, und teilen so die Gruppe in die „Guten" und die „Bösen" ein.

Kinder klassifizieren sehr schnell und so kommt es zu unreflektierten Aussagen wie: „Mateo lade ich nicht zu meinem Geburtstag ein, er ist immer auf Rot!" Aber auch sogenannte **Vorzeigekinder** leiden oft unter der Einteilung und fühlen sich dadurch beschämt. Andere wiederum haben aus Sorge, sie könnten auch auf „Rot" gesetzt werden, Angst, sich frei zu entfalten und ihren eigenen Bedürfnissen nachzukommen. So sind sie übermäßig angepasst und angestrengt, was das Lern- und Gruppenklima stark beeinträchtigt. Die Kinder fühlen sich durch dieses Ermahnungssystem emotional belastet und stehen unter Stress.

## Was könnte Grit stattdessten tun?

In erster Linie ist es wichtig, den Sinn dieser Ampel zu hinterfragen und die schädigenden Auswirkungen nicht zu verharmlosen. Jede Fachkraft sollte zu dem Schluss kommen, dass solch ein Ermahnungssystem für die Fachkraft-Kind-Beziehung, die Lernatmosphäre, das Selbstbild und die gesunde Entwicklung der Kinder hinderlich ist.

Grit kann auf dieser Grundlage eine Entscheidung treffen – eine Entscheidung für eine Begleitung der Kinder **in Beziehung** und **auf Augenhöhe** und gegen solch ein machtvolles Erziehungsmittel. Sie kann dem Team gegenüber darlegen, wieso sie sich gegen den Einsatz der Ampel ausspricht, und sich für einen respektvollen, gleichwürdigen Umgang einsetzen. Und gleichzeitig kann Grit ihren Anspruch an die Einhaltung der Regeln weiterhin fokussieren, wählt bei der Umsetzung aber bewusst einen anderen Weg:

### Regeln überdenken

Die Regeln der Gemeinschaft werden erneut auf **Sinnhaftigkeit** überprüft:

- Ist die Regel für Kinder in dem Alter zu bewältigen?
- Sind die Erwartungen der Fachkräfte an die Einhaltung der Regeln an den Entwicklungsstand der Kinder angepasst?
- Welche Regeln sind allgemeingültig und nicht verhandelbar?
- Welche Regeln wurden über die Jahre weitergetragen und sollten überdacht und angepasst werden?
- Welche Regeln können mit den Kindern ausgehandelt werden?

Für die Kinder ist es von Vorteil, wenn sie in die **Regelbildung einbezogen** werden und diese **verstehen** und **nachvollziehen** können. Es ist völlig normal, dass Regeln trotz Visualisierung und Wiederholung im Alltag in Vergessenheit geraten. Regeln zu verstehen, zu verinnerlichen und in diversen Situationen anzuwenden benötigt Reife und viel Übung. Es ist somit Grits Aufgabe, die Kinder an die Regeln zu erinnern und bei Regelmissachtung zu prüfen, woran dies liegt.

## Regeln klar und erreichbar formulieren

Im Sinne einer verständlichen Kommunikation sollten Regeln **klar, einfach** und **entsprechend des Entwicklungsstandes** der Kinder formuliert werden. Negationen sind zu vermeiden, und der Fokus richtet sich auf die Anweisung/das Ziel, statt auf das, was das Kind nicht tun soll, damit die Schlüsselworte sich nicht verstärken (vgl. Hehn-Oldiges 2021, S. 37ff.).

| STATT: | SAGE: |
|---|---|
| • Wir reden nicht dazwischen! | → Wir hören einander zu! |
| • Wir hauen nicht! | → Unsere Hände bleiben bei uns! |
| • Ärgern ist verboten! | → Wir wollen freundlich miteinander sein! |
| • Wir schreien nicht! | → Wir versuchen, leise zu sprechen! |

## Reflexion über die Gründe für Regelverletzungen

Als Mateo während der Konzentrationsphase vom Platz aufstand und zweimal ein Kind auf den Kopf haute, musste er nach Erinnerung an die Regel „Wir hauen nicht!“ eine Strafe erfahren. Grit setzte seinen Namen auf Rot und demonstrierte öffentlich sein Fehlverhalten. An dieser Stelle lohnt der Blick auf den **guten Grund** des Kindes: Jedes Kind zeigt immer sein bestmögliches Verhalten und handelt aus einem dieser besagten „guten Gründe“. Auf den ersten Blick sind sie nicht immer erkennbar.

Grit kann sich fragen:

- Für welches Bedürfnis steht das Kind gerade ein?
- Welche Gefühle kann ich bei ihm wahrnehmen?
- Ist das Stresssystem des Kindes belastet? Welche Stressoren kann ich vermuten/erkennen?
- Mit dem Verhalten (die Spitze des Eisberges) verfolgt das Kind vermutlich eine Bewältigungsstrategie – welche?

Es ist ratsam, Kindern eine **Rückmeldung** zu schenken, wenn sie sich an vereinbarte Regeln gehalten haben. So kann Grit zu Mateo sagen: „Ich konnte beobachten, dass du eine Heftseite konzentriert geschafft hast. Nun brauchst du vermutlich etwas Bewegung?" Sie orientiert sich damit an seinen **Stärken** und begegnet ihm mit **Wertschätzung**.

Haut nun Mateo einem Kind im Vorbeigehen auf den Kopf, könnte Grit (nachdem sie sich nach dem Befinden des gehauenen Kindes erkundigt hat) Mateo spiegeln, was sie sieht, und Hypothesen über sein Verhalten und die damit verbundenen Gründe aufstellen sowie ihm eine andere konstruktive Strategie an die Hand geben. „Mateo, ich sehe, du hast mit deiner Hand auf Idas Kopf geklopft. Das war unangenehm für sie. Bitte lasse deine Hände bei dir. Vermutlich bist du erschöpft und benötigst eine Pause. Kann das sein?" Sollte der Junge zustimmen, kann Grit ihm zeigen, wie er diesem Bedürfnis nachkommt, ohne ein anderes Kind zu stören. Verneint er die Vermutung, sollte Grit schauen, um welches Gefühl/Bedürfnis es sich sonst handeln könnte. Der Junge stimmt der weiteren Vermutung zu: „Was hältst du davon, wenn du dir eine Pause nimmst und dich in die Kuschelecke setzt oder zwei Runden im Garten rennst?"

Langfristig werden die Kinder so lernen, ihre eigenen Bedürfnisse zu erkennen und für die Bedürfniserfüllung eine entsprechende Strategie zu finden. Pädagogische Fachkräfte begleiten die Kinder schrittweise in diesem Prozess und reichen ihnen ihr Handwerkszeug, damit sie sich mit zunehmender Entwicklung selbst helfen können. Auch über geeignete Wiedergutmachungen kann gesprochen werden (siehe Kapitel 9).

## Vorbild sein

Verstößt ein Kind gegen eine Regel, dann benötigt es eine vertraute Person, die es unterstützt und versucht, zu verstehen. Oft ist das Stresssystem des Kindes angespannt und benötigt Entspannung. Eine Bestrafung verstärkt den Stress und signalisiert dem Kind: So, wie du bist, bist du nicht okay! Strafen sind „Aggressionen in Reinform", wie Jesper Juul es häufig ausdrückt, und das Kind erfährt so zudem, dass die mächtigere Person das Kind zur Anpassung zwingt. Das Kind wird dann leiser und kommt der Erwartung nach oder fühlt sich zum Kampf aufgefordert und verstärkt das Verhalten.

Was das Kind benötigt, ist hingegen ein Vorbild, das auf konstruktive, gewaltfreie Art für die Regeln und Grenzen einsteht. Grit darf sich zeigen und deutlich machen, dass sie diese Form des Umgangs nicht möchte: „Stopp! Mateo hör damit auf! Du kannst dir gerne eine Pause nehmen ..."

> „Wenn wir uns selbst wertschätzen, lieben und wahrnehmen, sind wir nicht mehr darauf angewiesen, dass andere es für uns übernehmen. Wir werden unabhängig und frei. Das ermöglicht uns, selbstwirksam zu werden und aus der Opferrolle auszusteigen. Das bedeutet, für sich und sein Leben Verantwortung zu übernehmen. Die Antworten liegen allesamt in uns, nicht in unserem Kind oder jemandem sonst" (Rodriguez 2019, S. 162).

## Eigene Grenzen erkennen

Insbesondere, wenn wir uns selbst überfordert und gestresst fühlen, drohen wir, in alte Muster zu tappen und Strafen reflexartig zu verhängen, gerade dann, wenn wir das in der eigenen Kindheit erleben mussten. Grit darf sich dann liebevoll daran erinnern, dass sie nur gut für die Kinder der Gruppe sorgen kann, wenn es ihr gutgeht. Spürt sie Anzeichen von Stress, sollte sie vor einer Kurzschlussreaktion ihre eigene Stopp-Taste drücken und sich fragen:

- Wie geht es mir gerade?
- Was fühle ich?
- Was brauche ich?
- Wie kann ich mir helfen?

Die eigenen Grenzen und Bedürfnisse zu erkennen, für diese einzustehen und sich zum Beispiel Unterstützung durch eine weitere Fachkraft zu holen, ist eine wichtige Stärke. Grenzen erkennen und Hilfe holen ist stark.

## Pädagogischer Werkzeugkoffer:

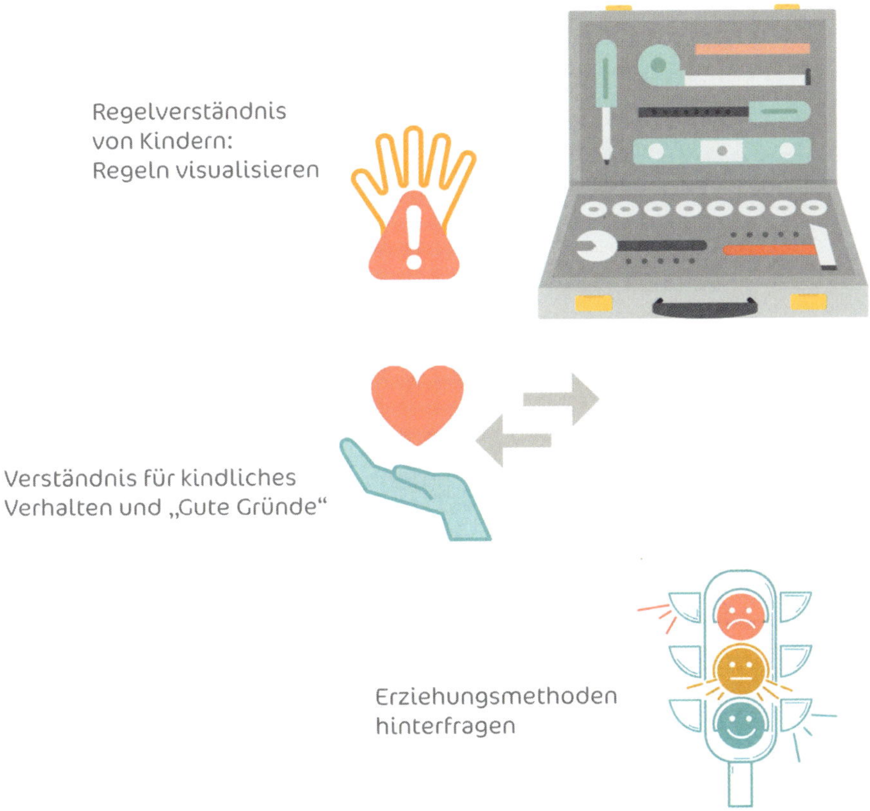

# 7 „Wenn ihr nicht aufräumt, dann können wir nicht in die Turnhalle“ Konsequenzen und Strafen unterscheiden

Über den Tag verteilt gibt es immer wieder Situationen, in denen Fachkräfte auf die Kooperation der ganzen Gruppe angewiesen sind. Insbesondere dann, wenn sie mehrere Kinder allein begleiten. Kommen Kinder einer Aufforderung nicht nach, tappen Fachkräfte hin und wieder in die „Wenn-dann-Falle“ und teilen mit, welche Folgen die Widersetzung haben kann. Hierbei ist nicht immer leicht zu unterscheiden: Handelt es sich um eine logische Konsequenz oder um eine Androhung im Sinne der Verhaltensänderung?

## Das Beispiel

Linus und Laura spielen in der Bauecke. Obwohl Fachkraft Natascha schon vier Mal das Aufräumlied gesungen hat, finden beide kein Ende. Die anderen Kinder der Gruppe sind mit dem Aufräumen fertig und sitzen schon im Kreis. Natascha ruft die beiden Kinder erneut, und als sie daraufhin wieder nicht hören, sagt sie: „Laura und Linus, wenn ihr jetzt nicht aufräumt und zu uns kommt, dann können wir nicht in die Turnhalle, und die Sportstunde fällt aus!“ Erschrocken blicken die beiden auf, werfen alle Materialien in die Kiste und eilen in den Kreis. „Na, seht ihr, warum nicht gleich so?!“, meint Natascha und fügt hinzu: „Erinnert ihr euch an letzte Woche? Da mussten wir ja wirklich die Stunde ausfallen lassen, weil Rafael so getrödelt hat.“

## Was ist hier passiert?

Natascha hat den Übergang des Aufräumens, die Mikrotransition, musikalisch eingeleitet und bei einem Großteil der Gruppe damit Anklang gefunden. Bis auf Linus und Laura sind alle anderen Kinder nach dem Aufräumen zusammengekommen. Als die beiden kein Ende fanden und die Fachkraft sie mit Nachdruck aufforderte, das Spiel zu beenden, ohne Erfolg, baute sie Druck auf. Mit der deutlichen Androhung: „Wenn ihr nicht kommt, dann ..." riss sie die beiden Kinder aus ihrer „Arbeit" und erzwang damit ihre Anpassung.

Die Kinder hatten bereits in der vergangenen Woche erlebt, welche Folgen das Nichtaufräumen haben kann: Die Sportstunde fiel aus, und Rafael erfuhr damit wenig Zustimmung seitens der anderen Kinder. Dieser Scham wollten Linus und Laura sich nicht aussetzen und fügten sich der Aufforderung. Für Fachkraft Natascha handelt es sich hierbei um eine logische Konsequenz: Die Kinder räumen nicht auf, dann fällt die Stunde aus. Sie findet, die Kinder müssen lernen, dass ihr Handeln Folgen hat.

Hierbei übersieht Natascha, dass sie die Androhung einer Strafe nutzt, um die Kinder zu einem Verhalten zu bewegen, das sie sich wünscht. Dieses Vorgehen ist gewaltvoll. Die Fachkraft demonstriert mit ihrer Androhung deutlich ihre Macht und erzeugt ein Abhängigkeitsverhältnis. Dabei wird die Integrität der Kinder verletzt, denn sie haben sich nicht der Aufforderung der Fachkraft widersetzt, sondern sind ihrem kindlichen Bedürfnis nach Spiel nachgegangen. Die Kinder erfahren, dass sie ihren Gefühlen und Bedürfnissen nicht trauen können, sondern besser das tun, was von ihnen gefordert wird. Ein Kind wird dadurch manipuliert und handelt aus Angst heraus.

## Integrität wahren

**Integrität ist eines von mehreren psychischen Grundbedürfnissen in der Kategorie der Selbstwerterhaltung. Die Integrität zu wahren bedeutet, die Grenzen, Gefühle, Bedürfnisse einer Person zu respektieren. Spüren Kinder, dass ihre Integrität mit der Forderung nach Kooperation ins Ungleichgewicht gerät, machen sie auf sich aufmerksam (vgl. Wedewardt & Hohmann 2021; Hohmann 2020a; Kolbe & Bergmann 2016).**

# Was könnte Natascha stattdessen tun?

## Der Unterschied zwischen Konsequenzen und Strafen

Oft handelt es sich bei den sogenannten „Wenn-dann-Sätzen" weniger um logische Konsequenzen und Abfolgen von Geschehnissen als um die Androhung einer Strafe. „Wenn du nicht aufräumst, dann gehen wir nicht in die Turnhalle!" ist keine unabdingbare Folge und auch keineswegs logisch. Räumen Kinder nicht rechtzeitig auf, dann verkürzt sich die Sportzeit. Das wäre die logische Konsequenz. Eine sofortige Streichung der Sportstunde wird dagegen angedroht, damit die Kinder gehorsam das tun, was von ihnen erwartet wird.

## Logische Konsequenzen

Eine logische Konsequenz könnte sein: „Wenn ihr nicht aufräumt, verkürzt sich unsere Turnhallenzeit, und das wäre für einige Kinder sehr schade, da sie so gerne dort spielen." Oder auch: „Wenn ihr weiterspielen möchtet, statt mitzukommen, könntet ihr in der Nachbargruppe bleiben, da wir gerne pünktlich los möchten." Es sind diverse Szenarien denkbar, die das kindliche Bedürfnis aufgreifen und gleichzeitig aufzeigen, welche Folge es haben würde, wenn sie diesem weiterhin nachkommen möchten, oder welche Grenzen es mit sich bringt. So lernen sie, dass ihr Handeln Folgen hat und nicht alles möglich ist: Weiterspielen und ausreichend Zeit in der Turnhalle.

Die Androhung von Strafe löst im Kind Angst, Frustration oder Ignoranz aus. Ignorieren Kinder die Aufforderung, wird die Androhung unter Umständen noch verschärft, bis sie folgsam tun, was von ihnen erwartet wird.

## Einfühlung, Bedürfnisreflexion und Formulierung einer Aufforderung

Auch denkbar wäre, dass Natascha sagt: „Wenn ihr jetzt nicht aufräumen möchtet, könnt ihr euer Bauwerk doch auch stehenlassen und später weiterspielen. Mir wiederum ist wichtig, dass ihr euch nun etwas bewegt und wir gemeinsam unsere Sportstunde erleben. Bitte unterbrecht euer Spiel und kommt zu uns."

Mit dieser Variante fühlt sie sich in die Kinder ein und erkennt an, dass sie ihr Bauwerk ungern zerstören und beseitigen möchten. Natascha **respektiert das Bedürfnis** nach dem kindlichen Spiel. Gleichzeitig teilt sie den Kindern mit, welches Bedürfnis sie spürt: Bewegung und Gemeinschaft. Zudem möchte Natascha pünktlich sein und äußert eine klare **Aufforderung**. Bewusst formuliert sie die Aufforderung nicht als Frage, da sie den Kindern die Entscheidung nicht überlassen möchte. Sie stellt klar dar, was sie von den Kindern erwartet, und bezieht sie ein, ohne sie zu beschämen oder unter Druck zu setzen (siehe Kapitel 10).

Und natürlich kann es auch mal passieren, dass Fachkräfte eine Sportstunde ausfallen oder verschieben müssen, weil die Zeit nicht reicht oder der Tagesplan anderes vorsieht – doch nicht, um die Kinder zu bestrafen. In diesem Fall entscheidet die Fachkraft, dass sich der Aufwand nicht mehr lohnt und trägt dafür die Verantwortung. Sie äußert keine Schuldzuweisungen (vgl. Rodriguez 2019, S. 72ff.) und hält die Gefühle der Kinder aus, die dadurch gegebenenfalls entstehen.

# Pädagogischer Werkzeugkoffer:

Aufforderungen gewaltfrei kommunizieren

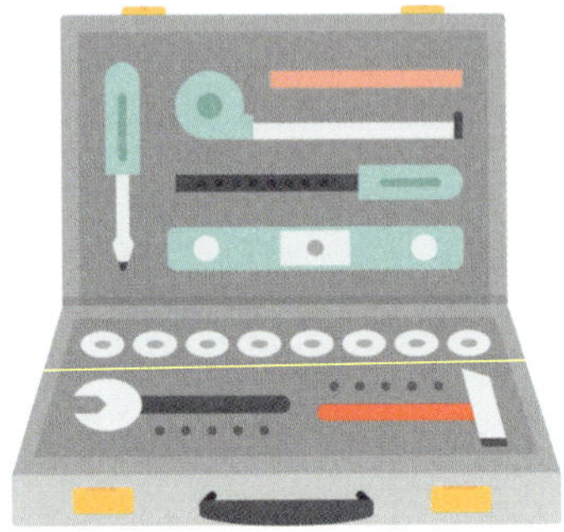

Unterschied zwischen Konsequenz und Strafe

# 8 „Probiere erst die Erbsen, bevor es mehr Kartoffelbrei gibt!“ Zwang beim Essen

Die Mahlzeiten in pädagogischen Einrichtungen nehmen einen nicht zu unterschätzenden Anteil des Tages ein und werden häufig als herausfordernd und konfliktreich empfunden. Es sollte hingegen eine Zeit sein, in der sich alle Beteiligten wohlfühlen. Diese Situation gilt nicht nur der Nahrungsaufnahme, sondern bietet Kommunikations- und Partizipationsanlässe, soziales Lernen und Explorationserfahrung. Tragen Fachkräfte unreflektierte Prägungen wie „Mit Essen spielt man nicht!“ oder „Es wird gegessen, was auf den Tisch kommt!“ in sich, sind Konflikte nahezu vorprogrammiert.

## Das Beispiel

Die Entdeckergruppe kommt hungrig aus dem Garten und freut sich auf das Mittagessen. Nach dem Händewaschen versammeln sich die Kinder vergnügt am Tisch. Conrad fragt fröhlich seine Bezugspädagogin Inge, was es denn heute zu Mittag gibt. Inge schaut in die Töpfe: „Kartoffelbrei, Erbsen und Fisch!“ Conrad mag Kartoffelbrei sehr gerne, die Erbsen sind ihm nicht geheuer. Da sich die Kinder selbst auftun können, nimmt er sich also den Fisch und etwas Kartoffelbrei. Nach einem Tischspruch beginnen die Kinder mit dem Essen. Als Inge beobachtet, wie Conrad sich erneut vom Kartoffelbrei nehmen möchte, sagt sie: „Stopp Conrad, nimm dir erst ein paar Erbsen, vorher gibt es nicht mehr vom Brei!“ Der Junge sackt in sich zusammen und schiebt seinen Teller beiseite.

## Was ist hier passiert?

Conrad kam mit großem Hunger und Vorfreude auf das Mittagessen an den Tisch. Eifrig ließ er sich seine erste Portion schmecken, doch als er sich nachnehmen wollte, wurde seine Freude gebremst. Fachkraft Inge verbot es ihm, noch mehr Püree zu nehmen, wenn er nicht zuvor auch ein paar Erbsen probiert. Daraufhin ließ der Junge sein Essen stehen.

In einigen Einrichtungen ist es noch gang und gäbe, dass Kindern vorgeschrieben wird, was und wie viel sie essen sollen. Aus Sicht der Eltern und Fachkräfte soll dies dem Wohl des Kindes dienen, wenn sie ihre Überzeugungen in Bezug auf eine ganz bestimmte Ernährung autoritär durchsetzen. Das vermeintliche Wissen über die kindliche Entwicklung oder hier auch die Nahrungsaufnahme wird gerne aus der Perspektive der Erwachsenen auf alle Kinder angewendet. Auf diese Weise werden die Freiheit und Selbstbestimmung des Kindes ohne triftigen Grund eingeschränkt (vgl. Winkelmann 2019, S. 36). Inge meint, es besser zu wissen, und nimmt Conrad damit sein Recht auf Partizipation, Freiheit und Selbstbestimmung.

Für die Fachkraft steckt hinter der Aufforderung, die Erbsen zu probieren, eine positive Absicht. Sie handelt aus der Überzeugung heraus, den Kindern damit etwas Gutes zu tun. Denn Inge hat Sorge, dass Kinder nur dann Vitamine zu sich nehmen und Neues probieren, wenn sie dazu „aufgefordert" werden. Durch die Einschränkung und das ausgesprochene Verbot bremst sie Conrad in seiner Essensfreude und erreicht ihr Ziel nicht. Fachkraft Inge scheint zudem nicht zu wissen, dass Kinder, wenn sie sich sicher und wohlfühlen, grundsätzlich bereit sind, Neues zu probieren.

Pädagogische Fachkräfte können das lebenslange Essverhalten eines Kindes maßgeblich positiv oder negativ beeinflussen.

## Exkurs: Was die Wissenschaft sagt

Der Wissenschaftler und Kinderarzt Herbert Renz-Polster schreibt, dass Kinder natürlicherweise ihre **Nahrung nach der Sicherheit** beurteilen. So liegt es nahe, dass sie Saures und Bitteres eher kritisch betrachten und süße, eiweißreiche und fettreiche Nahrung vorziehen. Werden sie **zum Probieren gezwungen**, kann der Garcia-Effekt einsetzen. Dieser tritt ein, wenn das Probieren zu Übelkeit oder gar zu Erbrechen führt; so werden diese Lebensmittel meist ein Leben lang abgelehnt, und allein dafür genügt ein einziges Erlebnis. Vermutlich geht es einigen Fachkräften heute noch so, dass sie bestimmte Lebensmittel aufgrund der eigenen biografischen Erfahrungen ablehnen und seit Kindheitstagen nicht mehr probiert haben.

Besonders bei zurückhaltenden und furchtsamen Kindern ist auch die Angst, etwas Neues zu probieren, völlig normal. Dieses Misstrauen steigert sich im Kindergartenalter. Unbekanntes wird eher gemieden, besonders wenn es grün ist oder bitter schmeckt. Mit zunehmender Reifung der Organe werden Kinder dann wieder probierfreudiger (vgl. Hohmann 2021b, S. 7f.; Renz-Polster 2013, S. 21ff.).

„Die Entscheidung darüber, ob und welche Nahrung ein Kind in sich einführt, ist eng mit der Kontrolle über den eigenen Körper und somit der persönlichen Integrität verbunden. Abgesehen von medizinischen Notfällen sollte kein Kind zum Essen gedrängt oder gar gezwungen werden“ (Maywald 2019, S. 52).

## Was könnte Inge stattdessen tun?

Inge scheint es besonders wichtig zu sein, dass die Kinder sich gesund ernähren. Kinder zum Probieren anzuregen, sie zu motivieren, ihnen ein gutes Vorbild beim Probieren der vielfältigen Speisen zu sein und sie auf gesunde und eher ungesunde Komponenten hinzuweisen, gehört zum Bildungsauftrag einer Fachkraft (vgl. ebd.). Kinder benötigen Zeit, um sich an Neues zu gewöhnen, was ihnen leichter gelingt, wenn bestimmte Nahrungsmittel regelmäßig wiederholt und ohne Druck angeboten werden.

Möchte Inge, dass Conrad sich an die Erbsen annähert, so kann sie ihn fragen: „Magst du mal die Erbsen probieren?“ Vielleicht möchte der Junge diese nicht auf seinem Teller haben, dann kann sie ihm zum Beispiel einen gesonderten Probierteller bereitstellen. „Schau mal, ich gebe dir diesen kleinen Extra-Teller.“

Auch wenn Inge den Jungen im Beispiel nicht zum Probieren zwingt, so setzt sie ihn psychisch unter Druck, was zur Folge hat, dass er mit dem Essen aufhört. Dabei haben Kinder einen guten Draht und wissen meist sehr gut, was der Körper gerade am meisten benötigt; vorausgesetzt, sie haben ein vielfältiges Angebot an qualitativen Nahrungsmitteln. Diese Speisen anzubieten und bereitzustellen ist Aufgabe der Erwachsenen. Werden Kinder in den Einkauf und die Zubereitung einbezogen, erhöht dies zusätzlich den Zugang zum lustvollen Essen. Was Inge also praktisch tun kann, besteht darin, ihren eigenen Druck zu minimieren und alte Glaubenssätze zu hinterfragen. Sie kann diese Überlieferungen durch motivierende Leitsätze, die zu einer angenehmen Essensatmosphäre beitragen, ersetzen.

Kinder zu motivieren bedeutet nicht, sie zu überreden, mit anderen Nahrungsmitteln zu bestechen oder gar zu füttern. Dieses Verhalten übertritt die Grenze des Kindes eindeutig und ist als übergriffig einzustufen.

### Leitsätze für eine wohltuende Nahrungsaufnahme

- Kinder sind kompetent und entscheiden, welche und wie viel Nahrung sie zu sich nehmen.
- Essen ist freiwillig und genussvoll.
- Das Nahrungsangebot ist qualitativ hochwertig und ausgewogen, sodass jedes Kind frei wählen kann, ohne einen Mangel zu erleiden.
- Die Erwachsenen sind Vorbilder und leben eine positive Esskultur vor.
- Lehnt ein Kind ein Nahrungsmittel ab, ist dies von der Fachkraft uneingeschränkt zu akzeptieren.
- Die Nahrungswahl ist an keinerlei Bedingungen geknüpft.

Mit diesen Sätzen gestaltet Inge nun ein kleines Plakat und hängt es im Essbereich als steige Erinnerung auf.

### Der Kampf um den Nachtisch

Um dem Konflikt um den Nachtisch zu entgehen, hat die Einrichtung vor längerer Zeit das Dessert auf den Nachmittag verlegt. Nach dem Mittagessen steht den Kindern immer frisches Obst zur Verfügung, das kleine Dessert wird hingegen erst zur Vesper angeboten. So umgehen die Fachkräfte den Konflikt und kommen nicht in die Situation, den Nachttisch vorzuenthalten oder in Verhandlungen gehen zu müssen. Alle Lebensmittel beim Mittagessen können so in beliebiger Reihenfolge und Menge verzehrt werden, und zur Vesper ebenso.

## Pädagogischer Werkzeugkoffer:

# 9 „Entschuldigung muss sein!“ Wiedergutmachung und Einfühlung statt Floskeln

Die Entschuldigung wird gerne genutzt, um die Beendigung eines Konflikts zu besiegeln. Wer angefangen hat und einem anderen offensichtlich Leid zugefügt hat, reicht die Hand und sagt das Zauberwort. So ist es noch immer in vielen Köpfen verankert, und die Entschuldigung ist in der pädagogischen Praxis ein häufig genutztes Mittel zur Wiedergutmachung. Dabei werden wichtige Aspekte übersehen, wie das folgende Beispiel zeigt.

## Das Beispiel

Die Fachkräfte Kim und Michael stehen in der Sonne und tauschen sich angeregt über das Wochenende aus, während die Kinder ihrer Gruppe im Garten spielen. Der vierjährige Bastian sitzt gedankenversunken im Sandkasten und baut eine Burg. Als Lilo neben ihm aufsteht, um woanders zu spielen, tritt er dabei seine Burg um, ohne es zu bemerken. Bastian schaut sich erschrocken um, niemand scheint es gesehen zu haben, auch Kim und Michael nicht. Tränen steigen in Bastian auf, und er spürt seinen Ärger sehr deutlich. Als Kim und Michael die Kinder später zum Essen rufen, stellen sie sich in einer Schlange am Eingang an. Bastian spürt seinen Schmerz noch immer. Als Lilo nun vor ihm steht, tritt er ihn fest in den Rücken. Kim sieht das und ruft empört: „Bastian, was war das?! Lilo hat dir nichts getan. Entschuldige dich sofort für dein Verhalten!“ Bastians Schmerz wächst, und gleichzeitig spürt er, dass er keine Chance hat, die Sache zu erklären. Er sagt leise „Schuldigung!“ und geht mit gesenktem Kopf in den Waschraum. Erst am Nachmittag, als sein Papa ihn abholt, bricht es aus ihm heraus und er weint fürchterlich.

## Was ist hier passiert?

Oft sehen wir nur kleine Ausschnitte eines Konfliktes oder einer Situation. Ähnlich wie bei einem Puzzle fehlen in der Regel Teile, und wir machen uns unser eigenes Bild. Mit den Ausschnitten, die wir zur Verfügung haben, werden oft vorschnelle Schlüsse gezogen. Fachkraft Kim sah nur den kleinen Moment und war sichtlich empört darüber, dass der Junge „aus heiterem Himmel“ einem anderen Kind „absichtlich“ wehtut. Dabei wissen wir: Aggressionen haben immer einen Grund und geschehen nie einfach so! Ohne den Jungen zu fragen, nimmt Fachkraft Kim das Gesehene als ihre Wahrheit an und fordert Bastian auf, sich zu entschuldigen – die Schuld für das Geschehene auf sich zu nehmen.

### Die Entschuldigung – Floskel oder empathische Geste?

Durch die Entschuldigung sollen Kinder dazu angehalten werden, den entstandenen Schaden, der häufig durch einen Erwachsenen begutachtet und eingeschätzt wird, wieder „gutzumachen“. So heißt es auch zu Bastian: „Entschuldige dich bei Lilo!“ Denn Bastian hat, aus dem Blickwinkel der Fachkraft, Lilo absichtlich wehgetan. Bestehen Erwachsene ohne Klärung des Geschehens auf das Einfordern einer Entschuldigung, kann dies im Alltag dazu führen, dass Kinder das mächtige Wort wie einstudiert sagen. Bastian sagt leise „Schuldigung“, und Kim scheint damit zufrieden. Aus ihrer Sicht ist das Problem behoben und sie kann sich wieder den anderen Kindern zuwenden.

Was bleibt bei Bastian zurück? Er sagt das Wort, ohne sich selbst gesehen und verstanden zu fühlen, und nimmt die Schuld für etwas auf sich, was ihm selbst in diesem Moment als einzige mögliche Strategie schien: Er ließ seine angestaute Energie heraus, um den eigenen Schmerz zu mildern. Vermutlich war er so bestürzt und traurig über den Verlust seiner Burg und konnte sich noch nicht ausreichend selbst beruhigen und trösten. Auch fehlte ihm noch die Kompetenz, sein Erlebtes in Worte zu fassen und sich Lilo oder einer Fachkraft mitzuteilen. Seine gewählte Strategie ist nicht erfolgreich. Aufgrund des weiteren Verlaufs der Situation, ausgelöst durch das fehlende Interesse an seinen Gefühlen und Beweggründen sowie die Demütigung durch das Einfordern der Entschuldigung, nehmen sein Gefühl des Schmerzes, seine Verzweiflung und Trauer nur zu. Erst als er sich beim Abholen sicher fühlt, bricht es aus ihm heraus. Die Welt des Jungen stand für mehrere Stunden Kopf.

## Exkurs: Entschuldigung als Floskel?

Wird eine **Entschuldigung floskelhaft eingefordert**, können pädagogische Fachkräfte nicht darauf hoffen, dass ein Kind versteht und fühlt, was geschehen ist. Vielmehr sollte es nach einem Vorfall darum gehen, zuzuhören, sich einzufühlen, zu verstehen und gemeinsam mit dem Kind zu überlegen:

- Was kann ich tun, um den Schaden wieder gut zu machen?
- Wie kann ich beim nächsten Mal gewaltfrei ausdrücken, was ich brauche?

Das Einfordern und Erzwingen einer Entschuldigung zeigen hingegen die Macht der Fachkraft gegenüber dem Kind, es dazu anzuhalten, die Schuld einzugestehen und **sich** damit **automatisch abzuwerten**. Kinder kämpfen in Konflikten für sich, nicht um anderen zu schaden – auch wenn die Verhaltensstrategien dem eigentlichen Ziel im Wege stehen. Das Kind benötigt eine wachsame und zugewandte Fachkraft, die es bei der Konfliktbewältigung unterstützt, ohne es zu demütigen.

### Absichtsvolles Handeln hinterfragen

Werden Kinder häufig erinnert, ein unerwünschtes Verhalten nicht zu zeigen, und machen es dennoch wieder, liegt der Rückschluss der Fachkraft nahe, das Kind tue dies mit Absicht. Auf der kognitiven Ebene fällt es Erwachsenen häufig schwer zu verstehen, dass eine verbotene Handlung trotzdem wiederholt wird. Insbesondere wenn Erwachsene unter Stress stehen und die Gefühle regieren, ist es für sie besonders herausfordernd, sich in die Situation empathisch einzufühlen (vgl. Kino 2020, S. 20).

So beobachtet Kim, wie Bastian den anderen Jungen in den Rücken boxt – und das, obwohl sie mit ihm kurz zuvor besprochen hat, dass dies den anderen wehtut. Sie möchte, dass Bastian seine Hände bei sich behält. Daher schließt Kim darauf, er würde mit Absicht dem anderen wehtun. Es fällt Kim vermutlich in diesem Moment schwer, sich in Bastian einzufühlen und hinter das Verhalten zu blicken. Gesteuert wurde seine Handlung aber durch sein Gefühl des Schmerzes.

Erinnern wir uns an die Reaktionskette aus Kapitel 2. Bastians Auslöser ist die zerstörte Burg, die bei ihm eine Körperreaktion hervorruft. Sein Bedürfnis nach Anerkennung und Gerechtigkeit bleibt jedoch unerfüllt. Der schnelle Handlungsimpuls zu hauen ist die ihm im Moment zur Verfügung stehende Strategie, sich sein Bedürfnis zu erfüllen. Auch wenn dieses Verhalten einen schädigenden Charakter hat und dem Ziel der Gerechtigkeit auf den ersten Blick widerspricht. Bastian erfuhr durch die Zerstörung eine Abwertung und wertet sich auf diese Weise wieder auf; das Hauen ist seine Strategie, um sein Ziel zu erreichen.

Möchte Kim ihre Empathie mit Bastian fördern, so sollte sie in Ruhe mit ihm über sein Befinden, seine Gefühle und Bedürfnisse sprechen und ihm auch spiegeln, was sein Verhalten mit dem anderen Kind macht.

## Was könnte Kim stattdessen tun?

Die Schuld auf sich nehmen, also sich nach Aufforderung zu ent-schulden, hilft niemandem. Hingegen dürfen wir Kinder dazu anregen, langfristig die Verantwortung für das eigene Verhalten zu tragen und dessen Folgen zu erkennen. Kinder lernen, sich in das **Gegenüber einzufühlen** und einen **achtsamen Umgang mit anderen** zu leben. Sie können bedauern, was geschehen ist, und überlegen, wie sie das nächste Mal handeln würden.

## Die Wiedergutmachung

Kinder ab einem bestimmten Alter spüren nach einer Handlung selbst, ob sie gegen eine Regel verstoßen haben oder nicht. Zerreißt ein Kind zum Beispiel aus Verzweiflung und in Übererregung das Bild eines anderen, so empfindet es vermutlich nach eingetretener Beruhigung Scham über das eigene Verhalten. Diese **Scham** kann sich in ein Gefühl der **Schuld** verwandeln, etwas gegen die gemeinschaftlichen Regeln getan zu haben. Schuld erzeugt wiederum **Unbehagen und Stress** im Kind, von dem es sich befreien möchte. Die **Wiedergutmachung des eigenen „Fehlverhaltens"** durch Trösten oder Kleben des Bildes erzeugt im Kind **Stolz**, wenn sie **freiwillig** geschieht. Das Kind erfährt, wie es einen Fehler ausbügeln und sich dadurch wieder zugehörig und als Teil der Gruppe fühlen kann. Es lernt, die empfundene Scham, den dadurch entstandenen Stress in Stolz zu verwandeln (vgl. Posth 2012, S. 42; Wedewardt & Hohmann 2021, S. 160f.).

## Förderung von Empathie

Möchten wir einen umsichtigen und achtsamen Umgang mit und unter den Kindern fördern, spielt die **Empathieentwicklung** eine entscheidende Rolle. Empathie ist „(...) die komplexe Fähigkeit, in die Haut eines anderen Menschen zu schlüpfen, um die Welt bewusst aus dessen Perspektive zu sehen und auch nachzuempfinden" (Kino 2020, S. 20). Hierfür ist neben Übung eine gewisse emotionale und geistig-kognitive Reife nötig. Mit der Zeit und den entsprechenden Vorbildern lernen Kinder, dass Menschen verschiedene Meinungen, Wünsche und Gefühle haben können – schrittweise lernen sie die **Perspektiven** anderer Menschen kennen und sich in diese hineinzudenken. Die Grundlagen beginnen sich ab dem zweiten Lebensjahr zu entwickeln (vgl. Posth 2012, S. 40), eine komplexe Perspektivübernahme ist erst im Alter von acht Jahren möglich (vgl. Kino 2020, S. 21).

Nach der Familientherapeutin Mona Kino gibt es **drei Wege, um Empathie bei Kindern zu stärken**:

- **Die Kinder erleben am Vorbild der Erwachsenen den empathischen Umgang.** So könnte Fachkraft Kim sagen: „Bastian, ich sehe, wie du Lilo in den Rücken trittst, das beunruhigt mich sehr. Ich möchte gern verstehen, was dich zu dieser Handlung treibt. Kannst du mir sagen, was du Lilo eigentlich sagen wolltest?" Wichtig ist, dass allen beteiligten Kindern Zeit zum Sprechen eingeräumt wird und diese sich gegenseitig nicht unterbrechen. So können die Kinder sicher sein, dass die Fachkraft allen gleichermaßen zuhört und nicht vorschnell Rückschlüsse zieht. Sie ist zugewandt und freundlich.

- **Die Kinder erleben Erwachsene, die miteinander respektvoll umgehen.** Statt sich gegenseitig ihre Enttäuschung und Fehler an den Kopf zu werfen, fühlen sich die Erwachsenen ein und interessieren sich füreinander. So kann Kim zum Beispiel ihren Kollegen Michael, nachdem sie aus der Pause zurückkommt und das reine Chaos vorfindet, fragen: „Ich bin traurig, dass ihr die Tobe-Ecke nicht aufgeräumt habt; ich hatte mich darauf gefreut, nun in Ruhe mit den Kindern zu lesen. Was ist denn passiert, dass ihr noch immer spielt?" Michael kann so, ohne beschuldigt worden zu sein, das Bedürfnis nach Ordnung seiner Kollegin erkennen. Das lässt ihn möglicherweise antworten: „Ich sehe deine Enttäuschung. Ich habe die Zeit vergessen. Das tut mir leid. Magst du dich vielleicht auf den Bauteppich mit den Kindern setzen und ich räume flink auf?"

  „Erleben Kinder uns als interessiert, konstruktiv und weitgehend vorurteilsfrei, machen sie das automatisch nach. Dann können wir uns auch ruhig mal streiten, denn Stress und Konflikte gehören ja zum Leben dazu. Hauptsache wir kehren, wenn der Sturm der Gefühle vorbei ist, zurück an den Verhandlungstisch" (Kino 2020, S. 24).

- **Die Kinder erleben vielfältige Bewegung.** Mona Kino spricht sich für ausreichende und differenzierte Bewegung mit den Kindern aus: Fahrradfahren, spazieren gehen, balancieren, damit der flexible Körper auf einen flexiblen Geist treffen kann. Empathie lässt sich erlenen. Dazu brauchen wir nur den Willen und unseren Körper. Die regelmäßige Anwendung und das Üben gehen immer und überall. Vergleichen lässt sich dies gut mit einem Baum, der uns nur gute Äpfel schenkt, wenn wir ihn pflegen, achten und düngen. Dies lässt sich wunderbar auf Beziehungen übertragen. Begegnen wir uns mit Freundlichkeit, fühlen uns ineinander ein, üben uns darin, einander zu verstehen und einander zu sehen, so wie wir sind – mit Ecken und Kanten, aber nie als Gegner oder Feind (vgl. ebd.).

Alles, was Kim in diesem Moment tun kann, besteht darin, sich für die **Belange und Bedürfnisse der Kinder zu interessieren** und **ihnen unvoreingenommen** zu **begegnen**. Jedes Kind hat in jeder Situation Trost und Verständnis verdient. Nur so können Kinder den erlebten Stress beruhigen und ihre Gefühle regulieren.

Im entspannten Zustand kann Kim mit den Kindern besprechen, was die Beweggründe für das Verhalten waren, und mit ihnen **Alternativen und Lösungsideen** ergründen. Möchte sie den Kindern vorleben, ein Verhalten zu „entschuldigen“, kann sie sagen: „Ich bedauere, was geschehen ist!“ „Es tut mir sehr leid, dass ...“ „Ich entschuldige mich ...“ Sie sollte aber definitiv davon absehen, diese Worte von den Kindern einzufordern. Es geht darum, der Situation und dem Entwicklungsstand des Kindes entsprechend, eine gleichwürdige Konfliktkultur, fernab von Beschämung vorzuleben.

# 10 „Die Regenhose wird angezogen, sonst bleibst du drinnen!“ Partizipation gestalten

Die Garderobensituation fordert viele Fachkräfte heraus. Hier ist es oft eng, quirlig, und durch den „Dichtestress“ (Haug-Schnabel 2020, S. 28) kommt es vermehrt zu Auseinandersetzungen. Einige Kinder benötigen viel Unterstützung beim An- und Auskleiden, andere möchten ihre Autonomiebestrebung ausleben, sich ganz selbstständig anziehen und entscheiden, welche Kleidung sie benötigen und welche im Garderobenfach bleibt.

## Das Beispiel

Fachkraft Kristin ist neu in der Einrichtung und sprüht vor Ideen und Tatendrang. Gerade heute hat sie im Morgenkreis mit den Kindern das Wetter besprochen und mit der Wetteruhr bestimmt, welche Kleidung sie an diesem nassen Tag benötigen. Ganz klar: Die Kinder brauchen ihre Regenjacke, die Gummistiefel und die Matschhose. Kristin hat für sich auch eine Matschhose mitgebracht, damit sie mit gutem Beispiel vorangehen kann. „Jetzt zieht Hampelmann, jetzt zieht Hampelmann sich seine Schuhe an“ singt sie fröhlich. Die Kinder folgen ihrem Gesang und machen mit. Aus dem Augenwinkel sieht sie, wie die dreijährige Mia ihre Regenhose flink im Rucksack versteckt. Als Kristin etwas später auch sie auffordert, ihre Matschhose anzuziehen, lehnt Mia die Aufforderung strikt ab und schüttelt vehement den Kopf. Kristin weiß, wie wichtig es Mias Mutter ist, dass sich das Mädchen nicht erkältet und sagt: „Die Regenhose wird angezogen, Mia, keine Diskussion. Ich nehme dich nur mit Regenhose mit nach draußen!“ Mia bricht in Tränen aus und wirft sich auf den Boden.

## Was ist hier passiert?

### Was Mia wohl fühlt?

Das Mädchen handelt nach seinem **Bedürfnis** und möchte aus einem bestimmten Grund die Matschhose trotz vorheriger Absprache im Kreis nicht anziehen. Welches Bedürfnis Mia gerade hat, können wir, ohne mit ihr zu sprechen, nur erahnen. Möglicherweise fühlt sie sich in der Hose nicht wohl, sieht ihre Bewegungsfreiheit eingeschränkt (Wohlbefinden, Freiheit) oder möchte autonom sein. Das bedeutet: Mia möchte für sich selbst entscheiden und bestimmen. Als ihr Bedürfnis ausgeschlagen wird, tritt die Reaktionskette (vgl. Kapitel 2) in Kraft. Mia ärgert sich, Hitze durchströmt ihren Körper und ihre Atmung wird schneller (Körperreaktion). Fachkraft Kristin hat ihre **Grenze** überschritten, was Mia verzweifeln lässt. Ihre **Impulse** kann sie nicht zurückhalten, und so bricht sie in Tränen aus und wirft sich auf den Boden.
Erinnern wir uns, dass diese blitzartige Handlung, die wir wahrnehmen können, nur ein kleiner Ausschnitt ist. Darunter bzw. hinter der Handlung verbergen sich tiefe Gefühle, die auf erfüllte oder unerfüllte Bedürfnisse schließen lassen. Die erst noch **reifende Impulskontrolle** lässt junge Kinder in Windeseile außer sich geraten. Beziehungsabbrüche und Strafen lösen im Kind dann zusätzlichen Stress aus, der die Regulation der Gefühle nahezu unmöglich macht (vgl. Wedewardt & Hohmann 2021, S. 42ff.). Mit ihrer Handlung der Verzweiflung zeigt Mia, dass es ihr im Moment nicht gutgeht und sie Unterstützung benötigt, verstanden und gesehen zu werden.

### Warum reagierte Kristin so streng?

Fachkraft Kristin hat alle Hände voll zu tun, die Kinder beim Anziehen zu begleiten. Sie ist in diesem Moment allein in der Garderobe und unterstützt jedes Kind so gut sie kann. Kristin spürt aufsteigende Wärme in sich, da die ersten Kinder bereits fertig sind und warten. Sie meint, nun keine Zeit zu haben, mit Mia zu diskutieren.

Kristin hat das Bedürfnis der einzelnen Kinder im Blick (Singlebedürfnis), schaut auf die Gruppe und denkt an Mias Mutter, die am Morgen betonte, wie wichtig ihr es sei, dass Mia warm und trocken bleibt. Sie spürt den Druck der Erwartung der Mutter. Daher möchte Kristin alles richtig machen und keinen Konflikt eingehen. Sie strebt nach Sicherheit und Harmonie, was sie dazu veranlasst, sich über das Bedürfnis des Mädchens hinwegzusetzen und es durch eine Drohung dazu zu bewegen, sich die Matschhose anzuziehen.

Die Bedürfnisvielfalt der einzelnen Parteien versetzt Kristin in kurzzeitigen Stress, lässt sie überreagieren. Als sie nun aber sieht, wie Mia sich zu fühlen scheint, atmet sie kurz durch und denkt an die Impulskontrolle, ihre und Mias Grenzen und ihr adultistisches Vorgehen.

### Impulskontrolle

Kinder geraten im jungen Alter schnell außer sich. Dafür können vermeintlich **kleine Auslöser** ausreichend sein, wie der Befehl, ein bestimmtes Kleidungsstück zu tragen. Verantwortlich dafür ist ein kleiner Teil des emotionalen Gehirnes, namens Amygdala, der eine Situation als **gefährlich oder harmlos** einschätzt. Wird die Situation als bedrohlich empfunden, so bereitet sich der Körper in Millisekunden auf diese Gefahr vor, setzt Adrenalin frei, lässt einen schneller atmen, das Herz pochen und/oder die Muskeln anspannen. Das innere **Gaspedal** wird förmlich gedrückt und die Amygdala macht es dem Gehirn unmöglich, einen klaren Gedanken zu fassen. Erst im Laufe der Jahre reift die innere **Bremse**, der Hippocampus, der für die **Stressregulation und Impulskontrolle** verantwortlich ist. Im vorderen Stirnlappen, im Hippocampus, werden Erfahrungen gespeichert, und mit der Zeit lernen Kinder mithilfe von **zugewandter und feinfühliger Unterstützung**, Situationen besser einzuschätzen, sich zu regulieren und den Stress abzubauen (vgl. Helle & Fløgstad 2020, S. 76ff.; Wedewardt & Hohmann 2021, S. 34).

Mia spielt in dieser Situation also kein Theater, sondern befindet sich in Not. Sie erlebt ihre Gefühle und Bedürfnisse als unbeachtet und zudem ihre Körpergrenze als überschritten.

## Die Grenzen im Blick behalten

„Alle Beteiligten der Gruppe inklusive der Fachkräfte haben ihre individuellen Bedürfnisse und können diese so lange leben, bis sie auf die Grenzen eines anderen Mitglieds stoßen. Alle Bedürfnisse, Gefühle und Grenzen der Beteiligten sind gleichwürdig. (...) Die Grenze eines Individuums wird als verletzt empfunden, wenn beispielsweise sein Bedürfnis nach Autonomie, Selbstbestimmung und Abgrenzung nicht ausreichend erfüllt ist" (Wedewardt & Hohmann 2021, S. 71).

Hier werden zwei wichtige Grundsätze deutlich: Das Bedürfnis der Fachkraft und Mias scheinen nicht **gleichwürdig** zu sein. Fachkraft Kristin stellt ihr Bedürfnis und das der Mutter deutlich über das von Mia. Mias Bedürfnis nach Selbstbestimmung wird verletzt.

Es gibt körperliche und psychische Grenzen. Die körperlichen **Grenzen** werden von der Haut als Grenzorgan gesteckt. Mia wird zwar von der Fachkraft nicht berührt und ihre körperliche Grenze scheint nicht übertreten, dennoch ist sie beim An- und Ausziehen unmittelbar betroffen. Über ihren Kopf hinweg wird entschieden, was Mia anziehen soll. Vielleicht stören Mia die Nähte der Hose oder die Enge und entstehende Wärme. Daneben wird ihre **psychische Grenze** überschritten, da Kristin über ihren Kopf hinweg entscheidet, ohne sie ansatzweise in den Prozess einzubeziehen. Dieses Vorgehen ist überaus machtvoll und für ein Kind lähmend, da es sich weder gesehen noch gehört fühlt und seine Partizipation völlig missachtet wird.

## Partizipation ermöglichen

Unter Partizipation werden die Teilhabe und das Beteiligtsein eines jeden Menschen verstanden. Der ehemalige Leiter des ersten Kinderbüros, Richard Schröder, definiert Partizipation wie folgt: „Partizipation heißt, Entscheidungen, die das eigene Leben und das Leben der Gemeinschaft betreffen, zu teilen und gemeinsam Lösungen für Probleme zu finden" (Schröder 1995, S. 14.). Hierbei sind drei Bereiche zu berücksichtigen:

- Entscheidungen des persönlichen Lebens, wie individuelle Selbstbestimmungsrechte darüber, was und wieviel ein Kind isst, ob es schläft und was es anzieht
- Entscheidungen der Gemeinschaft wie Mitbestimmung in der Gruppe darüber, wie Feste gefeiert werden, oder über Spiele und den Gruppenalltag
- Problemlösungen der Kinder, die von ihnen durchdacht und umgesetzt werden
- Die Fachkraft übernimmt dabei eine strukturierende und moderierende Rolle (vgl. Regner & Schubert-Suffrian 2018, S. 10f.).

Und erinnern wir uns an die **Kinderrechte**, so trifft hier der sechste Satz zu, der besagt, dass Kinder das Recht haben, bei allen Fragen, die sie betreffen, sich zu informieren, mitzubestimmen und zu sagen, was sie denken. Auch dieser Grundsatz wurde im Fall von Mia völlig außeracht gelassen.

Bei all den Grundsätzen um die Bedürfnisse, die Partizipation und die Kinderrechte befindet sich die Fachkraft in einem Balanceakt, denn sie trägt die **Verantwortung für das Wohlergehen der Kinder**. Die Erziehungsberechtigten übertragen ihr in vollem Vertrauen die Aufsichtspflicht und möchten ihr Kind am Nachmittag gut versorgt, unversehrt, gesund und satt wieder in die Arme schließen.

## Was könnte Kristin stattdessen tun?

Kristin kann üben, die eigene **adultistische Denkweise aufzudecken** und Mia gleichwürdig zu begegnen. Die Fachkraft stellt den Wunsch der Mutter über das Bedürfnis des Kindes und gibt Mia damit das Gefühl, weniger kompetent zu sein. Kristin kann sich fragen, ob sie ähnliches auch zu einer erwachsenen Person sagen würde.

Es ist, wie bereits betont, eine große Anforderung und Herausforderung, für das Wohl mehrerer Kinder Sorge zu tragen, sie zu schützen und zu pflegen. Ihr **psychisches Wohlergehen** sollte aber genauso ernst genommen werden wie das **körperliche Wohlergehen**. Fachkräfte sollten den gegenseitigen Respekt wahren, Kinder nicht bevormunden oder zur Gehorsamkeit drängen.

Kristin kann sich auch fragen, ob sie den strafenden Satz nutzte, um

- eine Diskussion zu umgehen und es sich etwas einfacher zu machen?
- dem Kind gegenüber ihre Macht aufzuzeigen?
- das Kind zu schützen?

(vgl. Wedewardt & Hohmann 2021, S. 94; Ritz 2008, S. 133f.)

### Der Blick hinter das Verhalten

Kristin kann bewusst hinter die Handlung von Mia blicken, mit der das Mädchen auf ein oder mehrere unerfüllte Bedürfnisse hinweisen möchte. Äußerlich wahrnehmen lässt sich ihre Körperreaktion, die auf ihr(e) Gefühl(e) schließen lässt. Die folgende Übersicht kann Fachkräften dabei helfen, das sichtbare Verhalten zu entschlüsseln und diesem nachzugehen, um dem Kind andere Strategien aufzuzeigen, wie es seine Bedürfnisse angemessen äußern kann.

# Der Blick hinter das Verhalten

Das Kind zeigt auf der Verhaltensebene eine Handlung, mit der es eine Strategie verfolgt, um sich ein Bedürfnis zu erfüllen. Wir sehen die Handlung, ggf. eine Körperreaktion und können ein Gefühl erkennen/vermuten. Unsere Aufgabe ist es, das unerfüllte Bedürfnis zu verstehen, um dem Kind eine andere Strategie aufzuzeigen!

| HANDLUNGEN | MÖGLICHE GEFÜHLE | MÖGLICHE KÖRPERREAKTIONEN | UNERFÜLLTE BEDÜRFNISSE |
|---|---|---|---|
| **Kind**<br>• kneift,<br>• haut,<br>• weint,<br>• schubst,<br>• beißt,<br>• kratzt,<br>• wirft sich hin,<br>• zerstört Bauwerke,<br>• wirft einen Gegenstand,<br>• spuckt … | **Ärger/Wut**<br>angespannt, frustriert, empört, hilflos, irritiert, sorgenvoll, unglücklich, ohnmächtig, überfordert, verärgert, zornig … | Hitze, schnelle Atmung, Anspannung im Körper, Ausrufe, Weinen, den Körper zurückwerfen, etwas werfen … | **körperl. Bedürfnisse**<br>nach Schlaf, Ruhe, Erholung, Abstand/Distanz, Gesundheit, Bewegung, Schutz, Körperkontakt/Nähe … |
| | **Traurigkeit**<br>bedrückt, bekommen, besorgt, bestürzt, einsam, durcheinander … | Weinen, jammern, Schluchzen, Rückzug, tiefes atmen, Wortlosigkeit, gebeugte Körperhaltung … | **Seelische Bedürfnisse**<br>Bindung: Beziehung, Sicherheit, Geborgenheit, Vertrauen, Trost, Gemeinschaft, Freundschaft … |
| | **Angst**<br>alarmiert, apathisch, still, elend, dumpf, panisch, leblos, nervös. Schockiert, unwohl, zögerlich … | Erschrockener Gesichtsausdruck, schnelles Herzklopfen, belegte Stimme, Anspannung, Erstarrung, schnelles Sprechen, Zusammen zucken oder zittern … | Autonomie: Erfahrung, Individualität, Entwicklung, Spiel, Spaß, Erkunden, Mitbestimmung, Selbstbehauptung … |
| | **Scham**<br>angespannt, durcheinander, gelähmt, überfordert, perplex, unwohl, unzufrieden, verzweifelt, zögerlich … | Blickkontakt wird vermieden, Errötung des Gesichts, Bewegungslosigkeit, Körperschwere, Lachen oder Grinsen … | Selbstwert: Akzeptanz, Respekt, Anerkennung, Wertschätzung, Sinn. Empathie, Verständnis, Resonanz … |
| | **Neugierde/Freude**<br>erregt, aufgedreht, begeistert, engagiert, fröhlich, kraftvoll, wach, interessiert, glücklich … | Wache Augen, lebhaften Gesichtsausdruck, gespannte Körperhaltung und eine erhöhte Muskelanspannung, Lachen … | |

## Gleichwürdig und im Miteinander Lösungen finden

Möchte Kristin ein gleichwürdiges Miteinander, so sollte sie ihre adultistische Sprache und ihren Machtanspruch überdenken. Nachdem Mia ihr deutlich gezeigt hat, dass sie die Matschhose nicht anziehen möchte, sollte sie die Anstrengung nicht scheuen und mit dem Mädchen darüber in Austausch gehen – auf Augenhöhe, interessiert und zugewandt. Statt zu sagen „… du ziehst die Hose an und keine Diskussion!“ kann sie das Bedürfnis hinter der Ablehnung ergründen und Mia ihr eigenes Bedürfnis mitteilen, um dann gemeinsam nach einer Lösung zu suchen.

**Fachkraft:** „Mia, du möchtest mit uns nach draußen kommen?“
**Kind:** „Ja, aber die Matschhose möchte ich nicht anziehen. Die ist eng!“
**Fachkraft:** „Ah, die Hose stört dich, weil sie dir zu eng ist?“
**Kind:** „Ja! Zu klein.“
**Fachkraft:** „Oh, das ist dann sicherlich ungemütlich. Draußen ist es aber so nass, und ich möchte, dass du gesund bleibst!“

So erfährt Mia, dass Kristin sich für sie und ihre Belange interessiert. Gleichzeitig teilt die Fachkraft dem Kind mit, was ihr wichtig ist: Gesundheit! Gemeinsam überlegen sie nun, wie sie unter Berücksichtigung beider Bedürfnisse eine Lösung finden. Kristin bietet Mia eine Hose von Lilly an, die heute nicht da ist. Diese Hose ist größer und engt Mia nicht ein. Mia überlegt einen Moment und willigt ein. Später möchte Kristin mit der Mutter sprechen und um eine größere Hose bitten. Zudem plant sie, die Situation in der nächsten Teamsitzung mit allen zu besprechen, da sie selbst mit ihrer Reaktion nicht zufrieden gewesen ist.

# 11 „Oh, wer stinkt denn hier so?" Die Macht der Sprache

Die gesprochene Sprache ist unser tagtägliches Kommunikationsmittel und wird vom „Sender" oft ohne länger darüber nachzudenken „verschickt". So leicht Worte oft ausgesprochen werden, so machtvoll können sie beim Empfänger ankommen und sein Leben nachhaltig prägen. Worte können uns bestärken und aufbauen, aber auch schwächen und verletzen. Sie können Mauern bilden oder Fenster öffnen (Marshall Rosenberg). An einem einzigen Tag in der pädagogischen Einrichtung wird ein Kind mit vielfältigen Botschaften konfrontiert, die ihm entweder zeigen „Du bist gut, so wie du bist!" oder „So, wie du bist, bist du nicht okay!".

## Das Beispiel

Fachkraft Jasmin ist heute im Nestbereich zur Vertretung eingeteilt. Sie freut sich, wenn sie bei den Kleinsten der Einrichtung sein darf und begrüßt die Abwechslung zu ihrer Arbeit mit den Vorschülern. Als Jasmin nach der Pause in den Raum kommt, spielen Joris und Emma in der Bauecke. Sie setzt sich zu ihnen. Plötzlich rümpft Jasmin die Nase und sagt laut: „Oh, wer stinkt hier denn so? Na, ich glaub Joris, das bist du!" Sie steht auf, um das Fenster aufzureißen. Ihre Kollegin Elisa guckt sie streng an. Dann wendet Elisa sich Joris und Emma zu und sagt: „Ich glaub, ich hab gepupst!" Die beiden Kinder lachen und spielen weiter.

## Was ist hier passiert?

Jasmin arbeitet normalerweise mit den größeren Kindern und ist einen lockeren Ton gewöhnt. Sie sagt diesen Satz, ohne darüber nachzudenken, welch Scham und Demütigung die Folgen für ein Kind sein können. Für

Jasmin ist es vermutlich „nichts Schlimmes" oder gar lustig, für ein Kind kann es hingegen wie ein Schlag ins Gesicht sein. Neben der Sprache, dem gesagten Wort, ist natürlich auch die Haltung der Fachkraft gegenüber den Kindern ausschlaggebend. Jasmin äußert sich nicht in böser Absicht, was die Schwere der Botschaft möglicherweise etwas abmildert, und doch kann beim Kind ankommen: „Ich stinke!" „Ich bin eklig!" „Ich störe!" Das zusätzliche Aufreißen des Fensters unterstreicht die Worte.

Der Psychologe Schulz von Thun zeigte in seinem bekannten Vier-Ohren-Modell (vgl. Thun 2009), wie unterschiedlich eine Botschaft vom Empfänger wahrgenommen und verstanden werden kann. Sie kann

- eine Sachinformation übermitteln, also informieren: „Hier stinkt es!"
- eine Auskunft über den Sprecher vermitteln: „Ich nehme einen strengen Geruch wahr, der mich stört!"
- einen Hinweis über die Beziehung zwischen dem Sender und Empfänger geben: „Du kannst noch nicht auf Toilette gehen."
- einen Appell beinhalten: „Wechsle deine Windel!"

In der Beziehung zwischen Kindern und Erwachsenen ist die pädagogische Fachkraft für die **Qualität der Beziehung** verantwortlich. Sie sollte daher achtsam kommunizieren. Auch wenn Jasmin meint, sie habe es nicht „verletzend" gesagt, so zeigt das Vier-Ohren-Modell, dass keine der vier Aussagen vom Empfänger, also vom Kind, wertschätzend und zugewandt aufgefasst werden kann.

Es lassen sich zudem **adultistische Strukturen** erkennen. Stellen wir uns vor, die gleiche Situation würde sich im Teamraum abspielen. Jasmin betritt das Zimmer, in dem ihr Kollege Tim und ihre Chefin Nicole sitzen und zu Mittag essen. Wenn sie einen strengen Geruch wahrnehmen würde, ob sie dann auch sagen würde „Oh, hier stinkt es. Ich glaube, Nicole, das kommt wieder von dir!", um anschließend das Fenster aufzureißen? Vermutlich würde Jasmin das nicht tun und, wenn sie es erwähnt, eine diskretere Form wählen – aus Respekt gegenüber den anderen Erwachsenen. Haben Kinder Respekt nicht in gleicher Form verdient? Insbesondere, wenn wir Erwachsenen uns wünschen, dass sie diesen **respektvollen Umgang** auch mit anderen wahren?

Ähnlich wirken Sätze wie „Du trödelst immer so!“, „Du bist so laut!“, „Immer machst du dieses Theater!“ oder „So, wie du, hätte sich dein Bruder nie benommen!“. Das Problematische an diesen Aussagen ist, dass sie ein Kind oder sein **Verhalten** bewerten. Die Bewertung ist subjektiv gefärbt und keineswegs sachlich. Die Gefahr ist groß, dass das Kind aus diesen Sätzen seine eigene Wahrheit über sich selbst speichert. Die Familientherapeutin Peggy O´Mara betont: „Die Art, wie wir mit unseren Kindern sprechen, wird zu ihrer inneren Stimme.“

Kinder beziehen solche Äußerungen und Bewertungen auf ihr gesamtes Sein und fühlen einen tiefen Schmerz. Erst im Laufe der Jahre verstehen sie, zu unterscheiden, dass die Kritik an ihrem Verhalten nicht mit ihrem Sein gleichzusetzen ist. Als Jasmin sagt „Ich glaub, Joris, du stinkst“, kann der Junge noch nicht differenzieren, dass möglicherweise seine Windel voll ist und es sich um eine indirekte Aufforderung handelt, diese zu wechseln. Bei Joris kommt vielmehr an, dass er unangenehm und störend ist. Er wird sich in seinem Wesen herabgewürdigt und gedemütigt fühlen.

Ähnliches geschieht, wenn wir Kinder miteinander **vergleichen**. Dies führt dazu, dass sie sich so, wie sie sind, nicht angenommen fühlen. „Kinder in ihrer Verschiedenheit anzuerkennen und uns auf sie einzustellen, statt sie miteinander zu vergleichen, ermöglicht uns einen wertfreien Blick. Du bist okay, so wie du bist!“ (Hohmann 2021, S. 55).

## Was könnte Jasmin stattdessen tun?

Solch unüberlegte und bewertende Äußerungen rutschen Erwachsenen öfter heraus, ob aus Überforderung, im Stress oder wenn die Perspektivübernahme und Einfühlung in die Kinder fehlt. Kollegin Elisa machte Jasmin mit einem strengen Blick darauf aufmerksam, dass die Äußerung unpassend ist und schritt schützend ein, indem sie den Geruch auf sich bezog. Sie versuchte, die Demütigung und die Scham abzuwenden. Werden Beobachtungen und Wertungen verknüpft, hört der Empfänger eher eine Kritik, während durch Beobachtung und eine Selbstoffenbarung Verbindung entstehen kann.

Kinder sind bei der Sauberkeitsentwicklung auf Erwachsene angewiesen, sie benötigen mehrere Jahre Unterstützung beim Wechseln der Windel, beim Abhalten oder beim Säubern. So stellt sich in diesem konkreten Fall die Frage, ob eine Selbstoffenbarung im Sinne von „Ich nehme einen Geruch wahr und mich stört dieser" überhaupt in kommunikativer Form zum Ausdruck gebracht werden sollte. Wohl eher nicht! Einfühlender wäre es, wenn Jasmin auf das Kind zugeht und es liebevoll und diskret fragt, ob sie ihm die Windel wechseln darf.

## Exkurs: Die Gewaltfreie Kommunikation

In der **Gewaltfreien Kommunikation** nach Marshall Rosenberg geht es darum, dass wir Menschen uns so ausdrücken, dass wir verstanden werden und dabei die Beziehung zueinander stärken: Es geht um den Ausdruck von einer Beobachtung, dem Gefühl, dem Bedürfnis und einer Bitte. Hilfreich hierbei sind Einfühlung (Empathie), Aufrichtigkeit und Selbstempathie (vgl. Gaschler & Gaschler 2007, S. 26). Mit dieser Haltung sollen die Bedürfnisse aller berücksichtig werden. Diese Sprache bezeichnet er als Giraffensprache. Demgegenüber steht der Wolf, der nach Macht strebt und eher demütigend und beschämend auf andere zugeht. Auch dieser kämpft für seine Bedürfnisse, leider aber auf eine Art und Weise, die in seinem Gegenüber Schmerz auslösen kann. Rosenberg beschreibt den Wolf daher als eine „Giraffe mit Sprachfehler" (Leitner 2020, S. 14).

Jasmin kann üben, wie sie ihre eigenen Bedürfnisse zum Ausdruck bringt, ohne dabei verletzend vorzugehen. Sie darf ihren „Sprachfehler" erkennen und reflektieren. Zu Joris kann sie dann zum Beispiel sagen: „Ich rieche eine volle Windel (Beobachtung) und bin besorgt um deine

Haut (Gefühl). Da ich sicher sein möchte, dass du keinen roten Po bekommst (Bedürfnis), bitte ich dich, mit mir ins Bad zu kommen (Bitte)!". Prägnanter und kürzer kann sie sagen: „Joris, deine Windel ist voll. Ich möchte sie mit dir wechseln. Lauf bitte ins Bad."

Joris fühlt sich so gesehen und ist an der Entscheidung beteiligt. Nicht er wird gewickelt, sondern gemeinsam wechseln Jasmin und er die Windel. Lehnt Joris in diesem Moment die Bitte ab, gilt es, dies zu respektieren. Möglicherweise ist er gerade ins Spiel vertieft und in wenigen Minuten bereit oder er möchte selbst entscheiden, wann die Windel gewechselt werden soll. Vielleicht fühlt er sich aber auch mit Jasmin nicht vertraut genug und bevorzugt in diesem Fall seine Bezugspädagogin Elisa. Jasmin kann die Situation mit ihm besprechen, indem sie zum Beispiel sagt: „Du sagst ´Nein´. Willst du noch spielen?" Stimmt Joris zu, kann sie ihm weitere Entscheidungsmöglichkeiten anbieten und ihn erneut in wenigen Minuten fragen, ob er bereit ist.

Selbstverständlich gibt es im Alltag auch Situationen, wo weniger Spielraum für das Kind bleibt und die Fachkraft eine klare Ansage formuliert – zum Beispiel: „Wir sind an einer befahrenen Straße, ich nehme dich jetzt an die Hand!" Die Fachkraft übernimmt die Führung und schützt die Kinder vor Verletzung, Gefahren und Unsicherheiten, insbesondere dann, wenn sie noch nicht selbst in der Lage sind, die Situation ausreichend einzuschätzen. Sie lebt dabei eine Kommunikation auf Augenhöhe und verzichtet auf ein Machtgefälle (vgl. Wedewardt 2022, S. 44ff.).

## Pädagogischer Werkzeugkoffer:

Achtsame und gewaltfreie Kommunikation

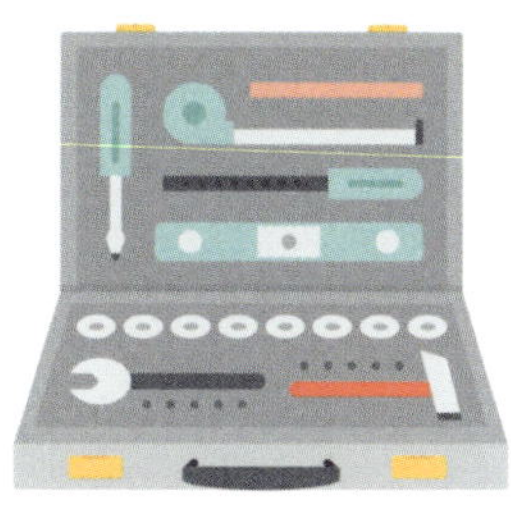

Entwicklungspsychologisches Wissen: Impulskontrolle

# 12 Der pädagogische Werkzeugkoffer füllt sich

Neue Wege zu gehen und althergebrachte Methoden zu verändern braucht Zeit und Geduld. Es wird nicht von heute auf morgen möglich sein, die Kinder komplett gewaltfrei, immer auf Augenhöhe zu begleiten, muss aber das Ziel in der Erziehung und Bildung von Kindern sein. Möchten wir, dass Kinder eine friedliche Welt aufbauen und zu warmherzigen, empathischen und vertrauensvollen Menschen heranwachsen, so ist es an uns, die Bedingungen dafür zu schaffen. Jede und jeder kann mit einer zugewandten, interessierten und bindungsstarken Haltung Kinder auf diesem Weg positiv prägen. Eine strafende, gewaltvolle und machtvoll autoritäre Führung kann Kinder verstören und in ihnen Schmerz und Gewalt züchten.

Fachkräfte haben eine immens wichtige Aufgabe zu erfüllen und benötigen einen reich und gut bestückten Werkzeugkoffer. Jede Fachkraft darf für sich selbst schauen, welche Werkzeuge gut in Schuss sind und welche es zu polieren oder auszutauschen gilt. Eines nach dem anderen.

## Pädagogischer Werkzeugkoffer:

# Danke

**„Alle großen Leute waren einmal Kinder, aber nur wenige erinnern sich daran."**

**Antoine de Saint-Exupéry**

An dieser Stelle möchte ich einen besonderen Dank für das stetig wachsende Netzwerk aussprechen, das pädagogische Fachkräfte dabei unterstützt, sich on- und offline zu verbinden und miteinander zu lernen. Insbesondere unter den aktuellen schwierigen persönlichen und beruflichen Bedingungen, die jede Fachkraft zu bewältigen hat, schätze ich das kraftvolle und bestärkende Miteinander von Menschen, die trotz aller Hürden das Ziel einer achtsamen, bedürfnisorientierten und beziehungsstarken Vision fest im Blick behalten und die pädagogische Praxis zu einem sicheren Ort werden lassen. Ein Ort, an dem jeder Mensch sein darf, wie er ist, und ein gleichwürdiges Miteinander gelebt wird.

Danke an all die Fachkräfte, die mich in meiner beruflichen Entwicklung bestärken und von denen ich bereits viel lernen konnte. Um nur einige zu nennen, geht mein großer Dank an Corinna Scherwath und Martina Hehn-Oldiges, die auch bei diesem Buch mit mir im Austausch waren, sowie an Lea Wedewardt, Hannah Vassiliadis, Hergen Sasse, Katrin Krüger, Monika Thiel, Anja Cantzler, Sabrina Dittmann, Anke Elisabeth Ballmann, Fea Finger, Gundula Göbel, Leandra Vogt und Rebekka Asbach.

# Literatur

Bauer, J. (2008): Prinzip Menschlichkeit. Warum wir von Natur aus kooperieren. München: Heyne.

Bauer, J. (2013): Schmerzgrenze. Vom Ursprung alltäglicher und globaler Gewalt. 4. Auflage. München: Karl Blessing.

Boll, A. & Remsperger-Kehm, R. (2021): Verletzendes Verhalten in Kitas. Eine Explorationsstudie zu Formen, Umgangsweisen, Ursachen und Handlungserfordernissen aus der Perspektive der Fachkräfte. Opladen, Berlin, Toronto Barbara Budrich.

Brisch, K.H. (2016): Bindung und Trauma in Theorie und Praxis. Unveröffentlichter Vortrag bei der Weiterbildung Trauma – Bindung – Therapie des Zentrums für Psychotraumatologie und Traumatherapie Niedersachsen (ZPTN), 13.07.2016 in Hamburg.

Egeland, B. (1988): Breaking the cycle of abuse: Implication for prediction and intervention. In: K. Brown, C. Davis & P. Stratton (Hrsg.): Early Prediction and Prevention of Child Abuse. New York: John Wiley & Sons, S. 87–99.

Gaschler, F. & Gaschler, G. (2007): Ich will verstehen, was du wirklich brauchst. Gewaltfreie Kommunikation mit Kindern. München: Kösel.

Gordon, T. (2014): Die neue Familienkonferenz. Kinder erziehen ohne zu strafen. München: Heyne.

Hansen, R.; Knauer, R. & Sturzenhecker, B. (2011): Partizipation in Kindertageseinrichtungen. So gelingt Demokratiebildung mit Kindern. Berlin: verlag das netz.

Haug-Schnabel, G. (2020): Umgang mit aggressivem Verhalten von Kindern. Praxiskompetenz für Kitas. Freiburg im Breisgau: Herder.

Helle, G. & Fløgstad, T. (2020): Schaut mal, wie ich lerne! Das Zusammenspiel von Körper und Gehirn in der frühkindlichen Entwicklung. Berlin: Bananenblau.

Hehn-Oldiges, M. (2021): Wege aus Verhaltensfallen. Pädagogisches Handeln in schwierigen Situationen. Weinheim, Basel: Beltz.

Hehn-Oldiges, M. & Ostermann, B. (2020): Ampeln und andere Ermahnungssysteme – problematische Strategien zur Erziehung. Verfügbar unter: http://paedagogische-beziehungen.eu/ampeln-und-andere-ermahnungssysteme-problematische-strategien-zur-erziehung/.

Hohmann, K. (2020a): Aggressionen von „unbelehrbaren" Grundschulkindern. Kita-Fachtexte, 2. Verfügbar unter: www.kita-fachtexte.de/de/fachtexte-finden/aggressionen-von-unbelehrbaren-grundschulkindern.

Hohmann, K. (2020b): Essen mit Freude. Entspannte Essengestaltung. Klein & gross 05/2021.

Hohmann, K. (2020c). Verhaltensampeln als Bewertungselement in Kita & Schule. https://kindheiterleben.de/verhaltensampeln-als-bewertungselement-in-kita-schule/.

Hohmann, K. (2021): Gemeinsam durch die Wut. Wie ein achtsamer Umgang mit kindlichem Verhalten die Beziehung stärkt. Limbach-Oberfrohna: Edition claus.

Juul, J. (o.J.): Time out – Schluss damit! Verfügbar unter: https://familylab.de/files/artikel_pdfs/familylab-artikel/time_out_schluss_damit.pdf.

Juul, J. (2011): Dein kompetentes Kind. Auf dem Weg zu einer neuen Wertegrundlage für die ganze Familie. 5. Auflage. Reinbek bei Hamburg: Rowohlt.

Juul, J. (2013): Grenzen, Nähe, Respekt. Auf dem Weg zur kompetenten Eltern-Kind-Beziehung. Reinbek bei Hamburg: Rowohlt.

Kelch, G. (2009): Teamkonflikte gemeinsam lösen. Beispiele aus der Kita mit praktischen Lösungshilfen. Freiburg: Herder.

Kino, M. (2020). Zeit für Empathie. Weinheim Basel: Beltz.

Kolbe, B. & Bergmann, W. (2016): Trotzphasen bei Kita-Kindern. Berlin: Cornelsen.

Laewen, H.-J. & Andres, B. (2022): Gut aufgehoben in der Kita. Zur Praxis einer professionellen Ethik. Freiburg: Herder.

Leitner, B. (2020): Gewaltfreie Kommunikation in der KiTa. Paderborn: Junfermann.

Makista – Bildung für Kinderrechte & Demokratie (2017): Schule als Haus der Kinderrechte. Verfügbar unter: www.makista.de/wp-content/uploads/2021/01/Haus-der-Kinderrechte-RZ.pdf.

Mayer, C. (2008): Trainingshandbuch Interkulturelle Mediation und Konfliktlösung. Didaktische Materialien zum Kompetenzerwerb. 2. Auflage. Münster: Waxmann.

Maywald, J. (2013): Kinderschutz in der Kita. Ein praktischer Leitfaden für Erzieherinnen und Erzieher. Freiburg: Herder.

Maywald, J. (2018): Ein Kinderschutzkonzept für die Kita erarbeiten. kindergarten heute – das Leitungsheft 4/2018, 26–29.

Maywald, J. (2019): Gewalt durch pädagogische Fachkräfte verhindern. Die Kita als sicherer Ort für Kinder. Freiburg: Herder.

Mikan, K. & Schwabe D. (2021): Sind Verhaltensampeln in Grundschule oder Kita sinnvoll und nachhaltig? Verfügbar unter: www.superheldenkids.de/sind-verhaltensampeln-in-grundschule-oder-kita-sinnvoll-und-nachhaltig.

Nürnberg, C. (2018): Kita-Alltag zwischen Belastung und Erfüllung. Ergebnisse einer explorativen Interviewstudie mit Gruppenkräften und Kita-Leitungen. WiFF-Studie Band 31. Verfügbar unter: www.weiterbildungsinitiative.de/publikationen/detail/kita-alltag-zwischen-belastung-und-erfuellung.

Posth, R. (2012): Gefühle regieren den Alltag. Schwierige Kinder zwischen Angst und Aggression. 2. Auflage. Münster: Waxmann.

Posth, R. (2016): Gewaltfrei durch Erziehung. Versuch einer Pädagogik des friedlichen Zusammenlebens. Das Konzept der bindungsbasierten frühkindlichen Entwicklung und Erziehung (BBFEE). 2. Auflage. Münster: Waxmann.

Prengel, A. (2020): Ethische Pädagogik in Kitas und Schulen. Weinheim: Beltz.

Prengel, A.; Heinzel, F.; Reitz, S. & Winkelhofer, U. (2017): Reckahner Reflexionen zur Ethik pädagogischer Beziehungen. Reckahn: Rochow-Edition.

Regner, M. & Schubert-Suffrian, F. (2018): Partizipation in der Kita. Freiburg: Herder.

Remsperger, R. (2011): Sensitive Responsivität. Zur Qualität pädagogischen Handelns im Kindergarten. Wiesbaden: VS.

Renz-Polster, H. (2013): Kinder verstehen. Born tob e wild: Wie die Evolution unsere Kinder prägt. München (6. Auflage): Kösel

Richter, S. (2019): Verstehen nicht bewerten. Straffreie Erziehung in der Kita. Meine Kita, Ausgabe 03/19, 44–46.

Ritz, M. (2008): Huch, Diskriminierung. Teil 2-3. Betrifft Kinder, 5/2008; 10/2008. Berlin: Verlag das netz.

Rodriguez, A.S. (2019): Es geht auch ohne Strafen. Kinder auf Augenhöhe begleiten. München: Kösel.

Rosenberg, M.B. (2016): Gewaltfreie Kommunikation. Eine Sprache des Lebens. Paderborn: Junfermann.

Saalfrank, K. (2017): Kindheit ohne Strafen. Neue wertschätzende Wege für Eltern, die es anders machen wollen. Weinheim Basel: Beltz

Sautter, C. (2005): Wenn die Seele verletzt ist. Trauma – Ursachen und Auswirkungen. Wolfegg: Verlag für systemische Konzepte.

Scherwath, C. (2021a): Bisher unveröffentlichtes Thesenpapier.

Scherwath, C. (2021b): Liebe lässt Gehirne wachsen. Wie Bindungsbeziehungen Kinder in ihrer Entwicklung stärken. Ratgeber für Erzieher*innen in Krippe, Kita und Ganztag. Mühlheim an der Ruhr: Cornelsen.

Schreyer, I.; Krause, M.; Brandl, M. & Nicko, O. (2014): AQUA – Arbeitsplatz und Qualität in Kitas – Ergebnisse einer bundesweiten Befragung. München: Staatsinstitut für Frühpädagogik. Verfügbar unter: www.aqua-studie.de/Dokumente/AQUA_Endbericht.pdf.

Schröder, R. (1995): Kinder reden mit! Beteiligung an Politik, Stadtplanung und -gestaltung. Familienratgeber. Weinheim/Basel: Beltz.

Schulz von Thun, F. (2009): Miteinander reden 1: Störungen und Klärungen. Allgemeine Psychologie der Kommunikation. 46. Auflage. Hamburg: rororo.

Shanker, S. Dr. (2016): Das überreizte Kind. Wie Eltern ihr Kind besser verstehen und zu innerer Balance führen. München

Singer, E. & Hännikäinen, M. (2002): The teacher's role in territorial conflicts of 2- to 3-year-old children. Journal of Research in Childhood Education, 17 (1), 5–18. Verfügbar unter: www.researchgate.net/publication/248909298_The_Teacher's_Role_in_Territorial_Conflicts_of_2-_to_3YearOld_Children.

Staats, H. (2014): Feinfühlig arbeiten mit Kindern. Psychoanalytische Konzepte für die Praxis in Kita und Grundschule. Göttingen: Vandenhoeck & Ruprecht.

Strüber, N. (2019): Risiko Kindheit. Die Entwicklung des Gehirns verstehen und Resilienz fördern. Stuttgart: Klett-Cotta Verlag.

Suess, G.J. & Pfeifer, W.-K.P. (1999): Frühe Hilfen. Die Anwendung von Bindungs- und Kleinkindforschung in Erziehung, Beratung, Therapie und Vorbeugung. Gießen: Psychosozial-Verlag.

Tünnissen-Hendricks, T. (o. J.). Verfügbar unter: https://efraimstochter.de/167-Astrid-Lindgren-Niemals-Gewalt-Friedenspreis-des-Deutschen-Buchhandels.htm. Als Video verfügbar unter: https://www.youtube.com/watch?v=FqnFPrQ3uyI&list=PLe-Vuy_G1AJ1LAvUwwUWbrFczQQ9B-d1D

Viernickel, S. & Voss, A. (2012): STEGE – Strukturqualität und Erzieher_innengesundheit in Kindertageseinrichtungen. Wissenschaftlicher Abschlussbericht. Verfügbar unter: www.unfallkasse-nrw.de/fileadmin/server/download/PDF_2013/studie_stege.pdf.

Wedewardt, L. (2022): Wörterzauber statt Sprachgewalt. Achtsam sprechen in Kita, Krippe und Kindertagespflege. Freiburg: Herder.

Wedewardt, L. & Hohmann, K. (2021): Kinder achtsam und bedürfnisorientiert begleiten. Freiburg: Herder.

Weltzien D.; Fröhlich-Gildhoff, K.; Rönnau-Böse, M. & Wünsche, M. (2016): Gefühl und Mitgefühl von Kindern begleiten und fördern. Eine Handreichung zur Umsetzung des Orientierungsplans für Kindertageseinrichtungen in Baden-Württemberg. Freiburg: Herder.

Winkelmann, A.S. (2019): Machtgeschichten. Ein Fortbildungsbuch zu Adultismus für Kita, Grundschule und Familie. Limbach-Oberfrohna: Edition claus.